À Mary, La lectrice.

William Leymergie

Philippe Lorin

et avec la collaboration de

Jean-Joseph Julaud

En tête à tête avec Marcel Pagnol

Gründ

Écrire un livre illustré sur Marcel Pagnol, c'est comme rendre publique une lettre d'amour, celle que je n'avais jamais écrite jusque-là, celle d'un élève de secondaire qui retrouverait son auteur favori à la maison comme à l'école. Combien d'autres que Marcel Pagnol supportent cette double casquette ?

Mes parents faisaient toujours escale à Marseille à chaque retour d'Afrique. En dehors de ce lien régulier, rien ne les rattachait à la Provence si ce n'est un vent chaud, des odeurs fortes, une architecture que l'on retrouvait dans les grandes villes de l'Afrique coloniale où mes parents séjournaient régulièrement depuis les années trente.

Les livres de Pagnol étaient des repères, ceux que l'on emportait dans les cantines en fer. Les œuvres de l'académicien (une référence pour mon père) figuraient dans la bibliothèque des parents. Cette position officielle aurait pu nous les rendre inaccessibles, mais non : les romans de Marcel Pagnol et quelques-unes de ses pièces faisaient partie des livres recommandés, beaucoup sont restés dans la chambre des enfants.

À l'école, Pagnol était au programme, et les dictées extraites de *La Gloire de mon père* n'étaient plus un devoir, mais une joie. Plus tard, en classe de cinquième, Monsieur Archambaud, mon professeur d'anglais à qui j'avais confié ma préférence, me parlait souvent de son « collègue » Marcel Pagnol :

– Vous savez pourquoi, jeune Bill, cet auteur est aussi connu dans le monde ?

– Non, m'sieur (je n'avais pas le choix) ;

– Eh bien, que vous le traduisiez en anglais, en hindi ou en bambara (dans l'ordre), les personnages et les situations qu'il décrit sont U-NI-VER-SELS !

Il avait raison, mais je ne sais pas si c'est pour cela que je les ai tant aimés. Pour moi, c'étaient des gens que j'avais envie de rencontrer là où ils vivaient, dans cette Provence dont j'ignorais tout, mais que je finissais par bien connaître. Quelques années plus tard, ce sont les cycles Pagnol qui m'ont conduit à la cinémathèque de Chaillot, où, assis dans les deux premiers rangs, avec les *cinéphages*, je défendais mon statut de « pagnophile » que je conserve aujourd'hui.

Marcel Pagnol fut au siècle précédent un artiste multicarte, poète, dramaturge, metteur en scène, producteur comme Sacha Guitry ou Jean Cocteau, mais son spectre à lui était plus large puisqu'il faut y ajouter un incontestable sens des affaires. Son œuvre n'a pas d'âge, il demeure un « raconteur » de gens dont sa femme, Jacqueline, et son petit-fils Nicolas entretiennent la mémoire. Qu'ils en soient remerciés. Pour ce « Tête à tête » avec le Grand Marcel, il a fallu analyser, synthétiser et surtout, ne rien « escagasser ».

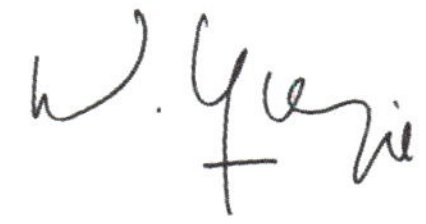

A PRESERVER DE LA LUMIÈRE & DE L'HUMIDITÉ
Société Anonyme des Plaques et Papiers photographiques
A. LUMIÈRE & SES FILS
Capital 3 millions
PLAQUES SÈCHES AU GÉLATINO-BROMURE D'ARGENT
13-18
VILLE DE LA CIOTAT
EDEN-CONCERT
Mercredi 22 Mars - Séance Unique
CASINO DE PARIS
ROYAL BIOGRAPHE
PROJECTIONS CINÉMATOGRAPHIQUES
sortant de la Maison LUMIÈRE
1re PARTIE
LANCEMENT D'UN NAVIRE A LA CIOTAT
l'appel au feu. — 3e L'attelage d'un Fardier.
VOYAGE A TRAVERS LES ALPES EN CHEMIN DE FER
5e Le Torrent — 6e Le Pont et le Tunnel.
2me PARTIE
à bord du Formidable - 2e Les Cow-Boys d'Amérique.
Cheval pris au lasso - 3e Le premier repas du Bébé (projection
couleur) - 4e Les travaux de l'Exposition 1900, démolition d'un
- 5e Une Caravane aux Pyramides d'Egypte - 6e Danse
(projection en couleur).
3me PARTIE
CHASSEURS ALPINS — 1re Ascension du Sommet du Diable
les Alpins - 2e Descente du Sommet du Diable par les Alpins
La Machine à Draguer - 4e Une Barque en mer - 5e Sortie d'un
du Port de Marseille - 6e Un Crêpage de Chignons
Panorama du Nil à Fachoda.
PRIX DES PLACES:
0.40
0.75
DÉBUTS DES PROJECTIONS
Monsieur & Madame A. Lumière
vous prient de vouloir bien leur faire l'hon-
neur d'assister à quelques expériences de
Cinématographe, chez eux, le samedi 21
courant, à 8 heures demie du soir.
N. B. — Cette Réunion étant toute de famille, vous êtes prié de
venir en toilette journalière.

L'école des collines

Lumière ! Les deux frères qui se tiennent à la sortie de leur propre usine de Lyon en ce 19 mars 1895 portent ce nom : Lumière. Et l'appareil qu'ils actionnent, une sorte de chambre noire à manivelle, permet de conserver images, mouvements, gestes et personnages, et de les restituer sur un écran, un jour, un an, voire un siècle plus tard. Les Lumière viennent d'inventer le cinématographe, et, en même temps, les salles obscures…

Le 22 mars 1895 est projeté à Paris le premier film de l'histoire, celui des deux Lyonnais. Le même jour, à la même heure, à Aubagne près de Marseille, « sous le Garlaban couronné de chèvres au temps des derniers chevriers », Augustine, jeune maman de vingt-deux ans, couturière, et Joseph, vingt-six ans, instituteur, viennent d'entrer dans la chambre de leur petit garçon né trois semaines auparavant, le 28 février. Des larmes de bonheur leur montent aux yeux : leur petit Marcel sourit ! C'est la première fois.

Devenu, lui aussi, un « magicien » du grand écran, Marcel Pagnol aimera rappeler cette coïncidence entre le temps de sa naissance et celui de l'apparition du cinématographe qui lui a offert une gloire planétaire – gloire qu'on peut remonter maintenant jusqu'à sa source première.

Les frères Lumière

Source des aïeuls maternels : le père d'Augustine d'abord. Il s'appelle Auguste Lansot. Né dans la Manche, à Coutances, Auguste, compagnon du Tour de France, mécanicien dans la marine, pose son sac dans la ville de Marseille qui le séduit par son joyeux soleil. Il s'y marie. Les bateaux à vapeur commencent à sillonner le monde. En 1877, l'entreprise qui l'emploie lui propose de partir en réparer un à Rio de Janeiro. Le bel Auguste, avide d'aventure, s'y rend, mais à peine débarqué, il tombe malade : la fièvre jaune l'emporte en quelques jours, il n'a pas trente ans. Il laisse un fils, Henri, né en 1865, et deux filles, Rose, née en 1869 et Augustine, née en 1873.

Source des aïeux lointains et paternels : Pagnol, c'est L'Espagnol qui a subi une aphérèse, c'est-à-dire l'ablation de la première syllabe. « L'Espagnol », c'est ainsi qu'on dut surnommer les lointains ascendants de Marcel arrivés d'Espagne au XVe siècle pour s'établir à Valréas dans le Vaucluse. Ils sont artificiers, armuriers, mais le grand-père de Marcel, André, installé à Marseille, devient tailleur de pierre. Quatre de ses six enfants, dont Joseph, seront instituteurs, façon de conjurer le sort qui l'a privé d'instruction, réduisant sa capacité d'écriture à sa seule signature. Le presse-papiers de Marcel sera toujours la massette de tailleur de son grand-père.

Source enfin qui emprunte au ciel, à la verdure et à la pierre leur mystère ; source née des parfums du romarin et du genévrier ; source surgie du secret alphabet des reliefs, et du vent discret des soirées parfumées : elle a pour nom La Treille, et plus encore, La Bastide neuve ! Source de vie, source d'amour, chemin de gloire à son premier pas. Comment, pourquoi Joseph, Augustine et leurs trois enfants sont-ils arrivés dans ce paradis au début des vacances scolaires de l'année 1904 ?

Auguste Lansot, le grand-père maternel

Oncle Jules

Tante Rose

Le Garlaban

Dominant la ville d'Aubagne, le pic du Jaoumé à 667 mètres d'altitude, est le point culminant du massif du Garlaban. Sous le pic du Jaoumé se trouve la grotte de Grosibou, nommée aussi grotte Marcel Pagnol. C'est en effet ici qu'un soir d'orage, Marcel et son ami Lili avaient trouvé refuge. C'est aussi en ces lieux sauvages que le jeune Marcel avait voulu se faire ermite, avant la rentrée des classes de 1904.

Le massif de la Sainte-Baume

Marcel à 28 mois

Joseph Pagnol

Il faut retourner à Aubagne. Pendant que Marcel grandit, Joseph prend du galon : il est nommé en 1897 à l'école primaire de Saint-Loup près de Marseille. C'est là qu'Augustine met au monde son deuxième fils, Paul, en avril 1898. Nouvelle promotion pour Joseph, sans lien, on l'imagine, avec la nouvelle naissance : il est nommé dans une grande école communale de Marseille, située chemin des Chartreux – aujourd'hui avenue –, une école qui rassemble « l'élite des maîtres » de l'époque, selon Marcel dans ses souvenirs. En février 1902, une petite Germaine vient au monde. La vie s'écoule, paisible, entre la classe et la maison où loge la petite famille, tout près de l'école. Bien sûr, la santé fragile d'Augustine donne du souci à Joseph, mais les visites de tante Rose, sœur d'Augustine, et de son mari Joseph, rebaptisé Jules afin qu'il n'y ait point de confusion, apportent leur lot de rires et de bonne humeur.

C'est au 16 du
cours Barthélémy
à Aubagne, que
le 28 février
de l'année 1895…

Aubagne

Rose et Jules habitent un immeuble proche de celui des Pagnol. On y rencontre le médecin de la famille, le docteur Poujol. En face, un marchand d'œufs et d'huile d'olive tient son commerce. Et ce marchand a pour nom Cohen ; son fils se prénomme Albert. Oui, Albert Cohen, le grand Albert Cohen, le futur auteur de *Belle du seigneur* !

Chemin des Chartreux, Augustine pâlit, Augustine s'étiole. Est-ce l'immeuble où ils vivent qui ne lui convient pas ? Joseph trouve alors pour sa petite famille un autre appartement, puis un autre encore, plus ensoleillé, une maison enfin, avec un jardinet. Ces déménagements affaiblissent davantage Augustine. « Votre femme a besoin d'air pur ! » Joseph se met alors en quête d'une maison à la campagne pour passer les vacances scolaires, et c'est à La Treille qu'il la trouve à une quinzaine de kilomètres de Marseille. La « Bastide neuve » est située un peu à l'écart du village. Son loyer dépassant le budget de la famille, Rose et Jules se joignent à la petite troupe qui va occuper les lieux dès les vacances de 1904.

Chemin des Bellons

Pour accéder au paradis de La Bastide neuve en pleine garrigue, pour profiter enfin de sa terrasse ombragée d'un figuier, il faut prendre le nouveau tramway à la sortie de Marseille. Ce tramway émerveille le petit Marcel qui entend peut-être en passant sous les fenêtres du 72 boulevard Chave, tout proche de l'arrêt, les pleurs ou les rires d'un enfant d'un an à peine : Fernand Contandin qui fera les beaux jours des films Pagnol quelques décennies plus tard, sous le nom de Fernandel !

Éblouie, la petite famille Pagnol par cet Eden de la Treille ! Marcel, Paul et la petite Germaine peuvent courir, jouer, s'aventurer dans la garrigue. Rose à ses côtés, Augustine prend des couleurs, son sourire redevient lumineux. Joseph est heureux : il part pour de longues parties de chasse avec l'oncle Jules. C'est là que se situera le fameux « coup du roi », deux bartavelles tuées coup sur coup, exploit raconté dans *La Gloire de mon père* : « Alors, je bondis sur la pointe d'un cap de roches, qui s'avançait au-dessus du vallon et, le corps tendu comme un arc, je criai de toutes mes forces : Il les a tuées ! Toutes les deux ! Il les a tuées ! »
Et dans mes petits poings sanglants d'où pendaient quatre ailes dorées, je haussais vers le ciel la gloire de mon père en face du soleil couchant. »

À chaque séjour, Marcel part en reconnaissance à travers la garrigue, dans les odeurs de lavande, de thym, et de sarriette. Au pays de l'eau rare, il cherche les sources, avec passion. Il en trouve une dizaine : celle du Cerf, celle du Laurier, non loin du massif de la Tête rouge, celle de Fonguroguette, près du pic du Taoumé, celle du Chien, au creux du vallon des Escaouprés, ou bien la Pitchoun, ou celle du Barquieu, au pied du Garlaban ! Il répertorie aussi les puits, les grottes. C'est dans l'une d'elles, celle du Grosibou, qu'il rencontre son « petit frère des collines », David Baptistin Magnan, de trois années plus jeune que lui, et qu'il va surnommer Lili des Bellons.

Lili des Bellons, c'est l'école de la liberté, c'est la course de grotte en grotte pour relever les pièges tendus aux oiseaux, c'est le doigt pointé vers les pics dont il prononce le nom que Marcel répète, la main montrant l'oiseau qui passe, le petit gibier qui court ; et tous les mots qui les désignent s'égrènent dans l'air, Marcel en devient riche pour toujours.

Et l'école ? La vraie ? Celle de Joseph ? Tout va bien : Marcel a obtenu de bons résultats au fil des classes du primaire. En octobre 1905, le voici qui entre en classe de 6e au grand lycée de Marseille – plus tard, le lycée Thiers ! Il a pour illustre prédécesseur dans ces murs austères le grand Edmond Rostand, l'auteur de *Cyrano de Bergerac*, pièce dont le triomphe ne se dément pas depuis sa création en 1897. Lorsque le premier bulletin de notes arrive, Joseph est catastrophé : Marcel se classe 34e sur 49 élèves. La pente est difficile à remonter, malgré l'amitié attentive de l'un de ses camarades de classe, le fils du marchand d'œufs et d'huile d'olive : Albert Cohen.

Le temps des vacances qui suivent est en grande partie consacré aux révisions et d'autant moins à Lili des Bellons. Si la classe de 5e se passe sans encombre, les résultats obtenus en 4e sont catastrophiques ! Marcel est ailleurs, il a besoin d'air. Il passe son temps à jouer au football avec ses amis, il ne parle, ne rêve que de la Treille et de Lili. Et puis, de jolies brunettes commencent à lui tourner la tête... Marcel « redouble » comme on disait à l'époque. La nouvelle classe de 4e amène de meilleures notes. Marcel passe en 3e en 1909. Il gagne un bel été sans devoirs de vacances à l'école des Collines. Augustine attend le 4e enfant du ménage, mais elle est faible, si faible...

Le « terrain de jeu » de Lili et Marcel

Le professeur est un rêveur

Marcel à 20 ans

Le 16 juin 1910, à trente-six ans, Augustine, meurt d'une angine de poitrine. Elle laisse à Joseph ses quatre enfants, dont le petit dernier qui n'a pas un an : René. Le chagrin de Marcel est immense. « L'âge d'Augustine, c'était le mien » écrit-il dans *La Gloire de mon père,* « … parce que ma mère, c'était moi, et je pensais, dans mon enfance, que nous étions nés le même jour ». Survivre à la disparition d'Augustine tant aimée, il le faut. Et pour cela, Marcel se laisse séduire par la poésie où va d'abord s'investir sa passion pour l'écriture.

Dès le printemps 1910, il a commencé à versifier, mais la création poétique ne lui suffit pas. Il entraîne déjà des camarades de classe dans une petite entreprise de publication qui prend la forme d'une revue bimensuelle de quatre pages : *La Bohème*. On y parle de littérature, de théâtre, de sport, sous la houlette d'un rédacteur en chef déjà très professionnel : Marcel ! Cette revue tombe entre les mains d'un journaliste du bimensuel illustré *Massilia* qui d'abord se contente de l'encourager puis lui demande des poèmes pour son propre magazine. Les lecteurs les apprécient, notamment celui qui paraît le 15 avril 1911, intitulé « Les Œufs de Pâques », au milieu de deux autres œuvres : « Premier sourire du printemps » de Théophile Gautier, et « Floréal » de Jean Richepin, académicien très en vue !

Sous le toit de Joseph est arrivée une nouvelle femme, Marie-Claire Jullien. Une petite vingtaine d'années sépare les futurs époux. Si cette différence d'âge ne leur crée pas de souci, elle irrite au plus haut point Marcel qui va en faire de vifs reproches à son père, avant de repartir dans sa pension du lycée Thiers. Est-ce pour calmer sa colère qu'il se met à pratiquer furieusement la boxe en cette année de seconde plutôt réussie ? Peut-être… Mais un jour, Marcel reçoit un mauvais coup qui déforme l'arête de son nez… C'est le coup d'arrêt pour la boxe.

L'écriture reprend ses droits : le magazine *Notre revue* publie la sélection des meilleurs poèmes écrits par des lycéens, et celui de Marcel « L'écho » y figure en bonne place. Marcel est désormais un beau jeune homme connu, envié, on cherche sa compagnie, c'est un meneur qui fourmille d'idées. Tête de classe en seconde, il accumule les bons résultats en classe de première, notamment en anglais, en allemand et en composition française où il a pour émule son ami Albert Cohen. En 1911-1912, on prépare la première partie du baccalauréat. Marcel l'obtient brillamment avec la mention Bien, dans la série latin et langues vivantes. Puis ce sera le bac de philosophie – assez bien – avant la classe de rhétorique supérieure.

Même s'ils n'ont plus le même charme qu'au temps de la fragile Augustine, les séjours à La Treille et dans les collines environnantes se sont poursuivis. C'est au cours de l'un d'eux, en novembre 1912, que Marcel évoque le projet d'une nouvelle revue littéraire. Son nom ? *Fortunio* ! En quelques semaines, l'équipe des rédacteurs est constituée. Au milieu de l'été 1913, le sommaire est clos, et les articles presque tous écrits. Le grand jour de la parution arrive enfin : le 10 février 1914, on peut se procurer pour quinze centimes, le premier numéro de la revue *Fortunio* dont plusieurs pages sont signées Marcel Pagnol, ou J.H. Roche son pseudonyme auquel les pierres de La Treille ne sont pas étrangères.

À la Treille, sur le monument aux morts, Lili des Bellons, l'ami d'enfance...

Un deuxième numéro de *Fortunio* paraît le 25 février 1914. Mais les nécessités de la vie étudiante diffèrent la rédaction d'une troisième parution. Bientôt, la guerre s'annonce et paralyse le projet. Le 3 août 1914, l'Allemagne déclare la guerre à la France. Incorporé à Nice le 17 décembre, Marcel est réformé quelques mois plus tard, pour faiblesse de constitution. Son ami de La Treille, Lili des Bellons, n'aura pas cette chance : en première ligne en 1918, il sera fauché par les balles ennemies. Fauchés aussi, six de ses amis sur les treize que comptait sa classe de khâgne en 1914.

À vingt ans, en 1915, loin des horreurs des tranchées, Marcel devient maître d'internat au lycée Gassendi de Digne. Puis il prépare sa licence d'anglais avant de commencer à enseigner dans un établissement catholique de Tarascon, tenu par des frères. Joseph en fait presque une attaque d'apoplexie : son propre fils chez les catholiques alors que lui, anticlérical convaincu, parfois enragé, n'a jamais cédé d'un pouce de ses convictions républicaines – voyons, Joseph… dans les années 1910, ne donniez-vous point quelques heures de cours dans une institution catholique pour jeunes filles, la pension Chaix ?.. Dès qu'il entre dans la classe, monsieur le professeur Marcel

Pagnol devient triste. Il trouve insupportable la présence des murs, et les fenêtres ressemblent à celles d'une prison. C'est exactement ce que pensent tous ses élèves, et même, tous les élèves de tous les temps, ou presque… Voilà pourquoi Monsieur le professeur Marcel Pagnol inaugure une pédagogie nouvelle, celle du grand air : dès qu'il fait beau, tout le monde sort ! La classe entière et son professeur vont batifoler sur les berges du Rhône. « On s'asseyait dans l'herbe, je faisais mon cours au soleil » Monsieur le professeur est un rêveur…

Le rêveur Marcel croise chez son père, un jour de 1915, le regard de Simonne (oui, deux « n », elle y tient !) ; et le cœur du rêveur s'emballe. « Passe ta licence de lettres d'abord, lui conseille Joseph, tu es inscrit à l'université de Montpellier et tes résultats sont très corrects. » Marcel suit son conseil, en partie : il passe l'écrit, mais « oublie » de se présenter à l'oral ! En revanche, c'est sans aucune licence qu'il cultive son intimité avec Simonne, au point qu'il décide de se marier. Joseph suffoque doublement : à la demi-licence de Marcel s'ajoute la perspective d'un mariage religieux protestant voulu par la jeune fiancée, mineure de surcroît… Qu'importe les suffocations de Joseph ! Le mariage aura lieu ! Le 2 mars 1916, à Marseille, Marcel Pagnol prend pour épouse Simonne Thérèse Félicité Collin.

Retour à Tarascon où Marcel ne cesse de déménager au cours de l'année, puis direction Pamiers dans l'Ariège où il est nommé délégué pour l'enseignement, jusqu'en 1919. Retour à Aix ensuite, il devient professeur adjoint au lycée Mignet. Derrière cette litanie des affectations et la besogneuse mécanique de la correction de copies, le désir d'écriture est intact. Pagnol n'a qu'une idée en tête : reprendre la publication de sa revue, interrompue en 1914. C'est chose faite le 15 février 1920 lorsque paraît le premier numéro de la nouvelle version de *Fortunio*.

Le lycée Mignet
à Aix-en-Provence

Même s'il est aidé par des amis fidèles, Marcel rédige presque tout le contenu de la revue, soit sous sa propre signature, soit sous celle de son pseudonyme inchangé : J.H. Roche. Et s'il reste de la place parce que les amis rédacteurs ont oublié leur copie, eh bien qu'à cela ne tienne : Marcel insère des épisodes de son premier roman *Les Mémoires de Jacques Panier*. Le 1er octobre 1920, Marcel est nommé à Marseille. Bien sûr, il va enseigner au lycée où il est affecté, mais son obsession demeure *Fortunio* qu'il ne tarde pas à relancer avec ses amis Arno-Charles Brun, Jean Ballard, Marcel Gras, Gaston Mouren, Eugène Eyre, et Julien Coutelen. Cette petite équipe nomme Marcel directeur artistique. C'est lui aussi qui va s'occuper de tout, de la correction des épreuves à l'impression en passant par la gestion du papier, c'est lui qui règle tous les problèmes qui surviennent. C'est lui le patron, et ce n'est qu'un début dans la légende Pagnol !

Paul Eluard

Henri Michaux

Dix numéros ont déjà été publiés en 1921. On a pu y lire un conte : *L'infâme Truc,* esquisse du futur *Merlusse.* on peut lire dans les numéros qui paraissent de 1921 à 1923, des romans signés Pagnol qui paraissent en feuilleton : *Le Mariage de Peluque,* et *La Petite Fille aux yeux bleus.* D'autres numéros sont en préparation, mais soudain une nouvelle à la fois désolante et exaltante tombe dans le petit cercle Fortunio : Marcel part pour Paris où il est nommé au lycée Condorcet !

La revue *Fortunio* va poursuivre sa route sous un autre nom. C'est l'un de ses fondateurs qui va la faire vivre jusqu'en 1966. Sous le titre *Les Cahiers du Sud,* cette revue va publier les plus grands poètes du XXe siècle : Robert Desnos, Paul Eluard, Pierre-Jean Jouve, Henri Michaux, Jules Supervielle, Philippe Soupault, Paul Valéry...

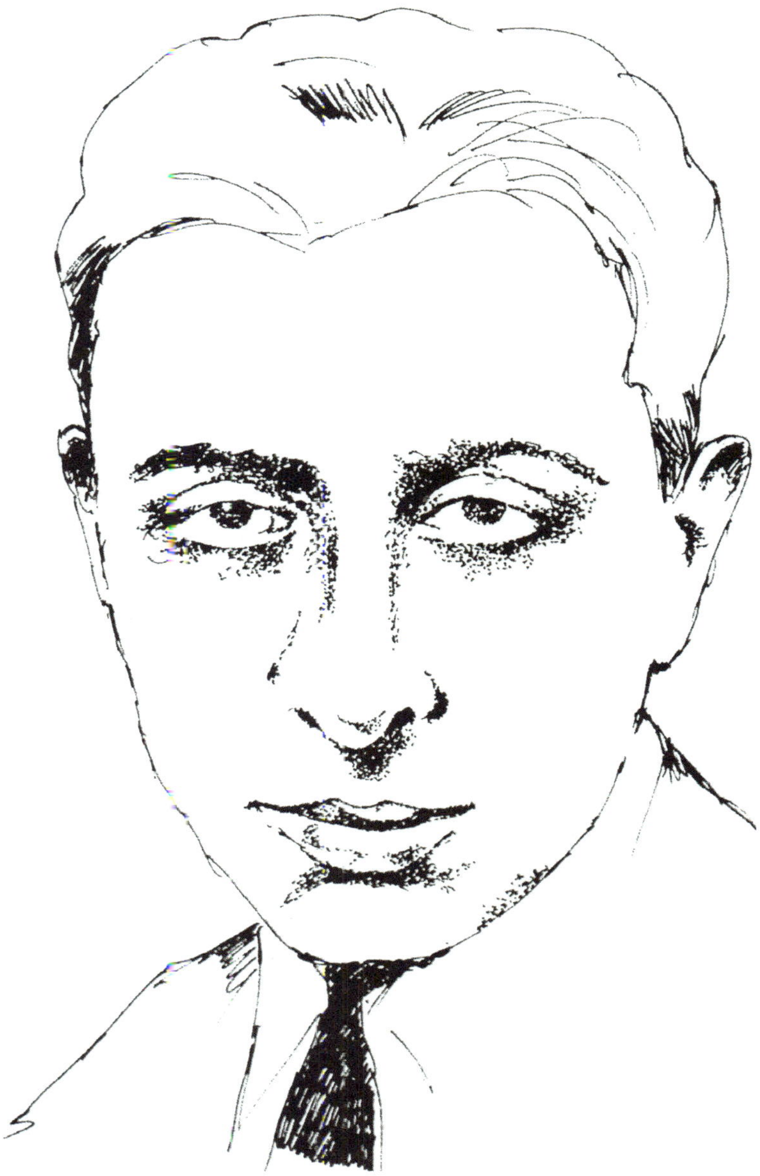

Robert Desnos

Paul Valéry

Premiers crus de la scène...

Dimanche 1er octobre 1922, sur le quai de la gare Saint-Charles à Marseille, on remarque un petit attroupement près du train qui va partir pour Paris. Au centre, un jeune homme de 27 ans qui semble écouter d'une oreille distraite les conseils que lui donne son père, instituteur à la mise impeccable, pendant qu'on commence à hisser dans le wagon – on ne dit pas encore « la voiture » à cette époque… – sacs et valises.

Le jeune homme prend grand soin de l'une de ses valises, il la serre contre lui en grimpant dans le wagon, comme si elle était chargée d'un viatique dont sa vie pourrait dépendre. Et c'est bien ce qu'il pense, ce jeune homme aux cheveux bruns, au regard conquérant, un brin nostalgique, mais si résolu ! Ce jeune homme sur le quai de la gare Saint-Charles, quelques-uns l'ont reconnu pour l'avoir lu dans la revue *Massilia* ou dans *L'Echo*, pour l'avoir vu entrer au lycée où il enseigne : c'est le professeur, monsieur Marcel Pagnol, et tout près de lui, son père, Joseph Pagnol ; avec eux, le proviseur du lycée, Monsieur Brugeas.

C'est bien ce qu'il pense, Marcel Pagnol : dans cette valise, plus qu'un viatique, un sésame ! Une pièce en alexandrins – dupliquée à cent exemplaires –, comme en ont écrit Racine et Corneille, et plus récemment, Edmond Rostand… Et cette pièce, *Catulle*, l'histoire tragique d'un poète latin éconduit par une belle, doit lui ouvrir, il en est presque sûr, les portes des théâtres de la capitale où il se rend, et en même temps, celles de la gloire.

Marcel en 1922

En attendant la gloire, il faut préparer des cours, et les donner aux élèves de la classe du lycée Condorcet où il a été nommé. Heureux de baigner enfin dans la vie parisienne si prometteuse pour les jeunes auteurs de talent, si dangereuse aussi, le jeune professeur et sa femme Simonne se sont installés rue Blanche. Tout près, se trouve le cours d'art dramatique Antoine. Marcel s'y rend, y fait d'utiles rencontres qui le conduisent bientôt vers des critiques et journalistes en vue – Marcel Achard, Henri Jeanson… Et puis, il retrouve un compatriote marseillais, Paul Nivoix, devenu rédacteur dans la plus importante revue parisienne des lettres et des arts : *Comedia*. Étourdi, fasciné, ébloui par ce monde des metteurs en scène, des auteurs, des acteurs à la mode, Marcel n'a plus qu'une idée : en faire partie.

Henri Jeanson

L'aventure de l'écriture dramatique va commencer timidement : Marcel décide d'écrire à quatre mains avec Paul Nivoix, puis à six avec un troisième comparse, une pièce qu'il renie aussitôt : *Tonton*, avec ce sous-titre : *Joseph veut rester pur*. Les trois complices ont si peur du ridicule qu'ils décident de déposer sous pseudonymes cette création auprès de la Société des auteurs… Reniée cette pièce ? Pas tout à fait : Marcel décide de la confier malgré tout au directeur du Théâtre des variétés à Marseille. Elle y obtient un joli succès en août 1923. Elle lui a même rapporté une somme rondelette qui, répétée par d'autres succès, pourrait lui permettre de quitter l'enseignement et ses prisons…

La vie parisienne s'écoule, effervescente, riche en rencontres, pleine de promesses pourvu que l'inspiration soit au rendez-vous. Au chapitre des rencontres, celle d'Henriette Burgart va marquer l'existence de Marcel. Henriette a dix-neuf ans. Elle est actrice, née à Oran, ville d'Algérie où se trouve aussi la ville de Mazis. Ainsi a-t-elle choisi ces deux villes pour composer son nom de scène : Orane Demazis. Bientôt, Simonne va apprendre la liaison de Marcel avec Orane. En 1926, Marcel et Simonne se séparent – ils ne divorceront qu'en 1941.

Écrire, créer une pièce de théâtre qui attire les foules, enchante la critique… Oui, mais encore faut-il trouver un thème capable de réaliser ce pari. Et Marcel tourne en rond dans son inspiration. Peu à peu, cependant, émerge l'idée d'une pièce qui stigmatiserait les profiteurs de guerre. Ainsi naît sous la plume conjointe de Marcel et Paul Nivoix : *Les Marchands de gloire*. Une rumeur porteuse de tous les espoirs entoure les répétitions. La première a lieu le mercredi 15 avril 1925. Le lendemain, la presse se répand en éloges sur les acteurs, le sujet, les auteurs. Hélas, le public boude au point qu'après treize représentations, la pièce – qui deviendra plus tard un succès international – est retirée de l'affiche.

Marcel ne se décourage pas. Il lui faut trouver d'urgence une autre idée. Il va la chercher dans son passé de jeune boxeur. Après ses cours au lycée, il écrit avec Paul Nivoix *Direct au cœur*. C'est leur dernière collaboration. *Direct au cœur*, refusé à Paris, remporte un franc succès à l'Alhambra de Lille. Un direct au cœur, Marcel en a reçu un lorsque Simonne lui a demandé de quitter leur appartement de la rue Blanche. Marcel est parti vivre dans une mansarde de la rue du Faubourg-du-Temple. Il y fait froid, des vitres manquent, remplacées par des feuilles de manuscrits…

Paul Nivoix, coauteur avec Marcel des Marchands de gloire créée en 1925 au théâtre de la Madeleine

Orane Demazis

Harry Baur, créateur en compagnie de Pierre Blanchar de *Jazz* en 1926 au théâtre de la Madeleine

Vite, un autre thème à décliner en actes et scènes, vite… La vanité des années passées à l'étude : l'histoire d'un vieux professeur qui a passé trente ans à déchiffrer un manuscrit qu'il attribuait à Platon. Mais, lorsqu'il met la dernière main à cette tâche, des révélations sur le manuscrit invalident toutes ses recherches. Il maudit sa vie de bénédictin et veut trouver l'amour. Trop tard… Cette pièce qu'il a d'abord appelée *Phaéton* est rebaptisée *Jazz* – genre musical qui triomphe avec Joséphine Baker et Sydney Bechet. Jouée le 6 décembre 1926 à Monte-Carlo, grâce au producteur René Blum, frère de Léon, elle obtient là-bas un brillant succès qui se poursuit à Paris au fil d'une centaine de représentations.

Jeanne Provost

Ses droits d'auteur devenant substantiels, Marcel s'est mis en congé provisoire de l'Éducation, avec d'autant plus d'empressement que c'est Simonne qui est l'intendante du lycée où il enseigne… Il a quitté sa mansarde pour s'installer dans un appartement minuscule situé au rez-de-chaussée du 122 boulevard Murat dans le XVIe arrondissement de Paris. Au premier étage vit un jeune écrivain qui sort peu, travaille beaucoup, et que personne ne connaît : André Malraux.

L'idée ! l'idée étonnante, celle qui distrait, émeut, fait rire, réfléchir… La voici, surgie dans l'imagination de Marcel qui a fouillé dans sa mémoire, retrouvé les conversations de son père à l'honnêteté irréprochable. La pièce mettra en scène un très honnête professeur qui, refusant de se laisser corrompre est licencié de son école. Il devient le prête-nom d'un homme d'affaire véreux. Mais bientôt, s'apercevant qu'on le trompe, il chasse tous ses scrupules et s'enrichit outrageusement. Le nom de ce personnage ? *Monsieur Topaze.* Le titre définitif de la pièce : *Topaze.*

André Lefaur, créateur de Topaze, le 9 octobre 1928, au théâtre des Variétés

Après avoir été refusée par cinq directeurs de salle, la pièce *Topaze* est jouée pour la première fois le mardi 9 octobre 1928 au théâtre des Variétés. C'est un triomphe. Le public acclame les acteurs, multiplie les rappels, demande que vienne sur la scène l'auteur qui avait préféré demeurer dans sa loge : c'est une ovation de légende qui l'accueille ! Cet énorme succès pourrait en griser plus d'un. Marcel considère que *Topaze* n'est que la première marche de son destin.

Dès le début de l'année 1929, il se remet au travail, Orane à ses côtés. Orane qui l'aime, le soutient, l'encourage… et peut-être espère incarner un jour le personnage phare d'une comédie de Marcel. Fouiller, fouiller encore dans l'enfance, dans les souvenirs, dans la tendre lumière du Vieux-Port de Marseille… Voici que surgissent sous la plume de Marcel, le *Bar de la Marine* et son patron : César ! Voici que naissent Fanny, la petite marchande de coquillages qui n'a d'yeux que pour Marius, le rêveur de bout du monde, fils de César, voici Panisse, la cinquantaine, maître voilier débonnaire, Escartefigue, le capitaine du « fériboîte »…

Marius, d'abord refusée comme *Topaze* le fut, est acceptée au Théâtre de Paris. Orane jouera le rôle de Fanny. Pour le rôle de Panisse, Marcel rend visite à une gloire du moment : Jules Muraire, plus connu sous le nom de Raimu. Muraire lit la pièce et exige de jouer César, le patron du bar, à condition que le rôle soit allongé. C'est Pierre Fresnay, d'origine alsacienne, qui va interpréter Marius – Fresnay « attrape » l'accent avec une facilité déconcertante. Panisse, ce sera Fernand Charpin, et Honorine, la mère de Fanny, Alida Rouffe.

Le 8 mars 1929, la générale fait salle archicomble. Le triomphe confine au délire ! On ne parle plus que de la Partie de cartes, on se demande quel va être le sort de Fanny, maintenant que Marius est parti au bout du monde. On espère que Marcel Pagnol va écrire une suite…

Jules Auguste Muraire, dit Raimu

La Partie de cartes, scène I de l'acte III (*extrait*)

CÉSAR *(à Panisse)*
Tu te rends compte comme c'est humiliant ce que tu fais là ? Tu me surveilles comme un tricheur. Réellement, ce n'est pas bien de ta part. Non, ce n'est pas bien.

PANISSE *(presque ému)*
Allons, César, je t'ai fait de la peine ?

CÉSAR *(sarcastique)*
Non, tu me fais plaisir.

PANISSE
Allons, César.

CÉSAR *(très ému)*
Quand tu me parles sur ce ton, quand tu m'espinches comme si j'étais un scélérat… Je ne dis pas que je vais pleurer, non, mais moralement, tu me fends le cœur.

PANISSE
Allons César, ne prends pas ça au tragique !

CÉSAR *(mélancolique)*
C'est peut-être que sans en avoir l'air, je suis trop sentimental.
(À Escartefigue) À moi il me fend le cœur. Et à toi, il ne te fait rien ?

ESCARTEFIGUE *(ahuri)*
Moi, il ne m'a rien dit

CÉSAR *(il lève les yeux au ciel)*
O Bonne Mère ! Vous entendez ça !
(Escartefigue pousse un cri de triomphe. Il vient enfin de comprendre, et il jette une carte sur le tapis. Panisse le regarde, regarde César, puis se lève brusquement, plein de fureur.)

PANISSE
Est-ce que tu me prends pour un imbécile ? Tu as dit : « Il nous fend le cœur » pour lui faire comprendre que je coupe à cœur. Et alors il joue cœur, parbleu !
(César prend un air innocent et surpris.)

PANISSE *(il lui jette les cartes au visage)*
Tiens, les voilà tes cartes, tricheur, hypocrite ! Je ne joue pas avec un Grec ; siou pas plus fada qué tu sas ! Foou pas mi prendré per un aoutré ! (Il se frappe la poitrine.) Siou mestré Panisse, et siès pas pron fin per m'aganta !

Il sort violemment en criant : « Tu me fends le cœur ! Tu me fends le cœur !...

Raimu, tu me fends le cœur !

Incroyable ! La nouvelle tombe en 1930 en France : le cinéma, cette invention des frères Lumière, née en même temps que Marcel, parfaite, mais à laquelle ne manquait que la parole, vient de s'en doter. Le cinéma parlant fait courir les foules en Angleterre d'où arrive au printemps 1930, l'acteur Pierre Blanchar. Marcel à qui il raconte sa découverte ne perd pas une seconde : dès le lendemain, malgré sa phobie du voyage sur l'eau – qui l'empêchera aussi d'aller aux Etats-Unis où ses œuvres sont plébiscitées –, il part pour Calais, effectue la traversée vers Douvres, gagne Londres où il assiste à une projection, puis deux, puis trois, stupéfié par le réalisme tout neuf du « parlant »

Enthousiaste, il tente de convaincre dès son retour Raimu qui lui déclare : « Ce truc de film parlant, c'est certainement inté-

Pierre Blanchar

Alexandre Korda

ressant, mais ce n'est qu'une attraction pour Luna Park ! » Marcel tient bon. Il sent, il sait déjà que ce « parlant » peut le conduire au succès planétaire dont il rêvait enfant. Il s'en confie à celle qui a fait sa place dans son grand cœur d'amant, à cent compartiments : Kitty Murphy, une jeune Anglaise de dix-huit ans qu'il a choisie parmi les danseuses du Casino de Paris – le 24 septembre 1930, elle met au monde leur fils Jacques.

Raimu se montre inflexible : non, le cinéma parlant ne l'intéresse pas. Pendant que d'autres vedettes de l'époque commencent à y faire des apparitions, Marcel ronge son frein. Il faut dire aussi qu'entre Raimu et lui, l'entente n'est pas parfaite. Leur amitié s'est ébréchée pour quelque affaire d'ordre privé. Prétexte pour Raimu de fuir une nouvelle technique qu'il craint de ne pouvoir maîtriser ? Peut-être. Heureux hasard : Marcel rencontre Robert T. Kane, le directeur de la succursale française de la firme américaine du cinéma : la Paramount.

Kane, séduit par *Marius*, propose à Marcel d'en acheter les droits. Cet achat est subordonné au choix d'acteurs américains qu'il propose. Son projet : transformer le succès hexagonal de la pièce en un triomphe planétaire. Marcel refuse. Les droits de Marius ne seront cédés qu'à la condition que les acteurs de la pièce choisis par Marcel jouent dans le film. Kane finit par céder mais se montre inflexible pour le choix du metteur en scène : ce sera Alexandre Korda ou rien ! Marcel accepte.

Robert T. Kane

Il reste à convaincre Raimu. Ce n'est pas chose facile, mais les deux amis se réconcilient et voici Raimu qui fait ses premiers essais au cinéma parlant. Les premières prises sont difficiles et déclenchent plusieurs de ces colères homériques que Raimu aimait surjouer pour sa légende future… Tantôt sa voix est trop forte, tantôt elle est trop faible, le preneur de son s'arrache les cheveux. Raimu fond sur lui, le traite de « téléphoniste »… On se calme finalement, et le film est projeté pour la première fois le samedi 10 octobre 1931 au Paramount, près de l'Opéra, à Paris. L'accueil du public est si enthousiaste que beaucoup de spectateurs ne veulent pas quitter la salle afin d'assister à la séance suivante !

La célèbre partie de cartes du film *Marius*. Raimu-César, Fernand Charpin-Panisse, Robert Vattier (de dos)-Monsieur Brun et Paul Dullac-Escartefigue

Marseille – Le Pont Transbordeur

Fernand Charpin

La presse, elle, n'est pas tendre. Elle méprise ouvertement ce qu'elle appelle du « théâtre filmé ». Un journaliste va même plus loin en écrivant : « Que Monsieur Pagnol continue à se remplir les poches avec ses galéjades, et qu'il laisse le cinéma à ses créateurs et à ses artistes ! » Les poètes eux aussi s'en mêlent. Philippe Soupault, l'un des fondateurs du surréalisme avec André Breton et Louis Aragon, se fend de quelques lignes assassines contre l'enfant d'Aubagne dans *L'Europe nouvelle* du 31 octobre 1931 : « Les acteurs qui jouaient cette pièce et qui, avec leur accent marseillais, faisaient passer les mots plus ou moins drôles furent les vrais responsables du grand succès. Quelle pauvreté d'imagination, quelle servilité dans l'imitation de la pièce, quelle négligence dans ce qui est la puissance et la raison d'être du cinéma ! »

De quoi décourager Marcel ? Point du tout ! Il laisse à leurs ronchonnements les poètes sombres – même s'ils n'ont pas tout à fait tort… - et déjà pense à donner une suite à *Marius*. Fanny, oh, Fanny ! Qu'as-tu fait avec Marius pour qu'en toi batte un autre cœur ? Un enfant… Oui, un enfant qui va naître, sans père puisque Marius est parti au bout du monde. Alors, tu vas épouser Panisse, oui, le placide, le généreux Panisse. Mais un jour, alors que l'enfant grandit en âge et en sagesse, voici de retour le père prodigue… Et voilà, Marcel la tient, cette suite à *Marius* ! Il se met immédiatement au travail, et, en deux mois, la pièce est – presque – écrite, les finitions seront faites au fil des premières répétitions.

Raimu

Robert Vattier

Pierre Fresnay

C'est le producteur Léon Volterra, présent et actif depuis les premières pièces, qui a suggéré à Marcel d'écrire la suite de *Marius*. C'est lui qui organise les répétitions, veille à tout, et, discrètement, surveille tout son monde, et particulièrement les acteurs engagés. Et parmi ces acteurs, Raimu ! Celui-ci fait la scène buissonnière, déserte les répétitions pour les terrasses de cafés en prétextant tel ou tel vieil oncle à secourir à la campagne ! Volterra se révolte : Raimu est renvoyé à ses terrasses, et remplacé par Harry Baur. Et ce n'est pas tout : Alida Rouffe, accidentée, et Pierre Fresnay, pris par un autre succès de scène, seront eux aussi remplacés.

Fanny, représentée pour la première fois le 5 décembre 1931, connaît un bon succès, mais Marcel devine que le nombre de représentations sera bien inférieur à celui de Marius. Dans le même temps, la firme Paramount a acheté les droits de *Topaze* afin de porter la pièce à l'écran. Malgré un excellent Louis Jouvet dans le rôle du professeur moins naïf qu'il n'y paraît, Marcel enrage : il s'estime dépossédé de son œuvre, trahi par le metteur en scène Louis Gasnier.

Fanny ! Il faut que la pièce devienne un film, au plus vite. Marcel en est convaincu. En parler à Bob Kane, le producteur de *Marius* ? Inutile, il ne croit pas aux séries filmées…

Que faire ? La solution, depuis longtemps germée dans le sens des affaires de Marcel surgit au grand jour : il faut créer les Films Marcel Pagnol ! Avec toute la « famille » marseillaise, les amis de toujours, les Méditerranéens gorgés de soleil, les compagnons de gambades sur les collines, les parents plus ou moins proches, autant d'êtres sympathiques, généreux, qui ne vont pas marchander leur présence… c'est chose faite. Et les studios seront domiciliés à Boulogne-Billancourt. En attendant…

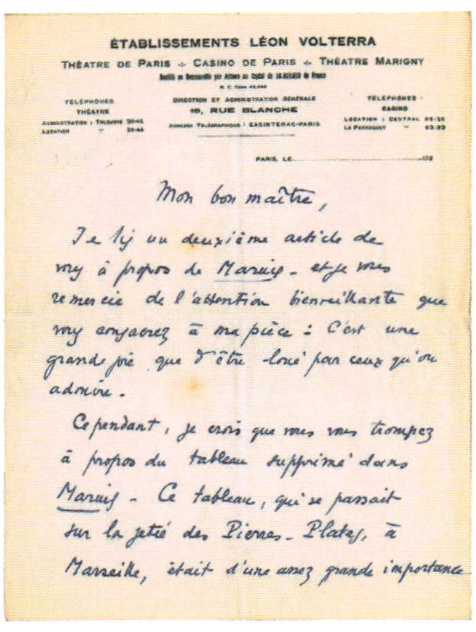

ÉTABLISSEMENTS LÉON VOLTERRA
THÉATRE DE PARIS – CASINO DE PARIS – THÉATRE MARIGNY
DIRECTION ET ADMINISTRATION GÉNÉRALE
10, RUE BLANCHE
PARIS, LE 192

Mon bon maître,

Je lis un deuxième article de vous à propos de Marius – et je vous remercie de l'attention bienveillante que vous envoyez à ma pièce : c'est une grande joie que d'être loué par ceux qu'on admire.

Cependant, je crois que vous vous trompez à propos du tableau supprimé dans Marius – Ce tableau, qui se passait sur la jetée des Pierres-Plates, à Marseille, était d'une assez grande importance

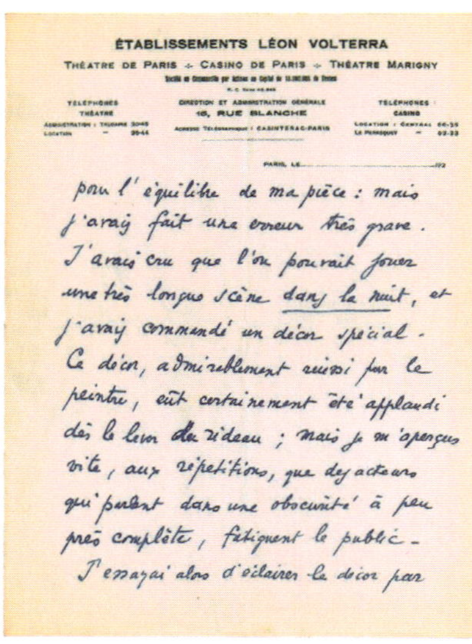

ÉTABLISSEMENTS LÉON VOLTERRA
THÉATRE DE PARIS – CASINO DE PARIS – THÉATRE MARIGNY
DIRECTION ET ADMINISTRATION GÉNÉRALE
10, RUE BLANCHE
PARIS, LE 192

pour l'équilibre de ma pièce : mais j'avais fait une erreur très grave. J'avais cru que l'on pourrait jouer une très longue scène dans la nuit, et j'avais commandé un décor spécial. Ce décor, admirablement réussi par le peintre, eût certainement été applaudi dès le lever du rideau ; mais je m'aperçus vite, aux répétitions, que des acteurs qui parlent dans une obscurité à peu près complète, fatiguent le public.

J'essayai alors d'éclairer le décor par

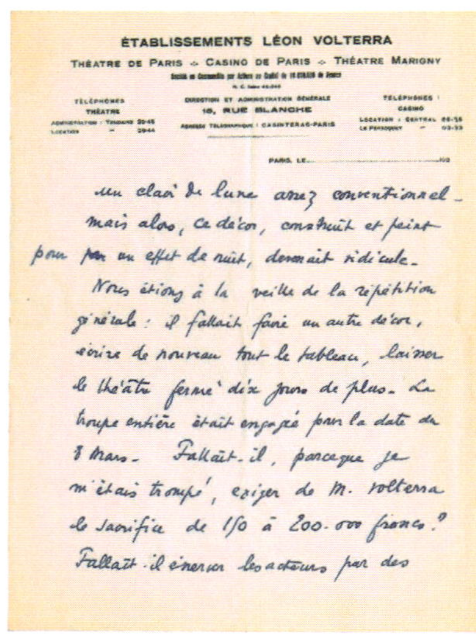

ÉTABLISSEMENTS LÉON VOLTERRA
THÉATRE DE PARIS – CASINO DE PARIS – THÉATRE MARIGNY
DIRECTION ET ADMINISTRATION GÉNÉRALE
10, RUE BLANCHE
PARIS, LE 192

un clair de lune assez conventionnel – mais alors, ce décor, construit et peint pour un effet de nuit, devenait ridicule.

Nous étions à la veille de la répétition générale : il fallait faire un autre décor, écrire de nouveau tout le tableau, laisser le théâtre fermé dix jours de plus. La troupe entière était engagée pour la date du 8 mars. Fallait-il, parce que je m'étais trompé, exiger de M. Volterra le sacrifice de 150 à 200.000 francs ? Fallait-il énerver les acteurs par des

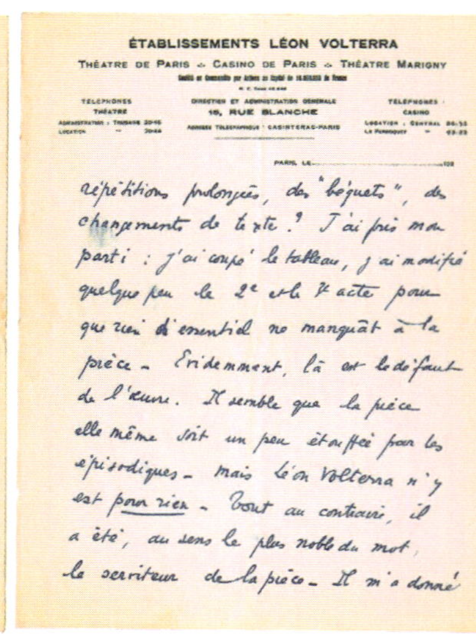

ÉTABLISSEMENTS LÉON VOLTERRA
THÉATRE DE PARIS – CASINO DE PARIS – THÉATRE MARIGNY
DIRECTION ET ADMINISTRATION GÉNÉRALE
10, RUE BLANCHE
PARIS, LE 192

répétitions prolongées, des "béquets", des changements de texte ? J'ai pris mon parti : j'ai coupé le tableau, j'ai modifié quelque peu le 2e et le 3e acte pour que rien d'essentiel ne manquât à la pièce. Évidemment, là est le défaut de l'œuvre. Il semble que la pièce elle-même soit un peu étouffée pour les épisodiques. Mais Léon Volterra n'y est pour rien. Tout au contraire, il a été, au sens le plus noble du mot, le serviteur de la pièce. Il m'a donné

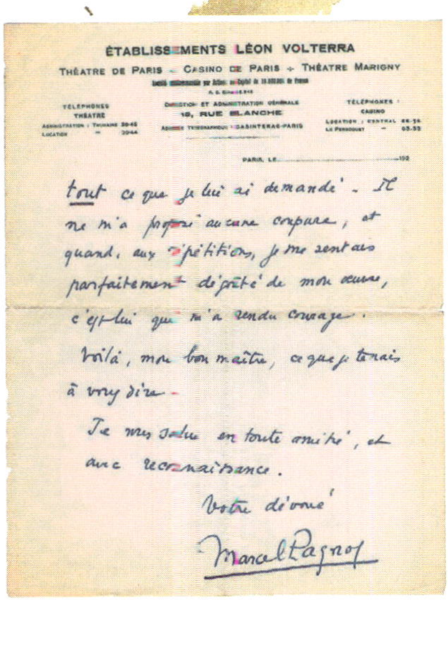

ÉTABLISSEMENTS LÉON VOLTERRA

THÉATRE DE PARIS – CASINO DE PARIS – THÉATRE MARIGNY

TÉLÉPHONES THÉATRE

DIRECTION ET ADMINISTRATION GÉNÉRALE

16, RUE BLANCHE

TÉLÉPHONES : CASINO

PARIS, LE 192

tout ce que je lui ai demandé. Il ne m'a proposé aucune coupure, et quand, aux répétitions, je me sentais parfaitement dégoûté de mon œuvre, c'est lui qui m'a rendu courage.

Voilà, mon bon maître, ce que je tenais à vous dire.

Je vous salue en toute amitié, et avec reconnaissance.

Votre dévoué

Marcel Pagnol

Lettre de Marcel Pagnol à un critique au sujet de *Marius*, créé le 9 mars 1929 au théâtre de Paris

Oui, mais un co-producteur ne serait pas malvenu dans l'entreprise « Les Films Marcel Pagnol » ! Ce sera Roger Richebé, un Marseillais. Maintenant, les acteurs… Bien sûr, Harry Baur a été excellent sur scène, il a fait de son mieux, mais le meilleur, c'est quand même Raimu, Raimu fâché contre Volterra, qui dans cette affaire, n'est pas présent. Un soir, miracle : Pagnol et Raimu se rencontrent, se parlent, le ton monte, s'apaise, monte encore, comme un moteur qui pétarade pour se remettre en route. Et la machine fonctionne de nouveau : Raimu jouera César dans l'adaptation cinématographique de la pièce *Fanny* !

Vincent Scotto

Le 6 juin 1932, la grande famille des fictions Pagnol est réunie dans les studios de Boulogne. Le réalisateur Marc Allégret, plutôt discret, va diriger les acteurs. C'est Richebé qui l'a proposé. Marcel a accepté. Un midi, au cours du déjeuner, un Marseillais vient s'asseoir non loin de Marcel. C'est Vincent Scotto qui compose pour Joséphine Baker et Maurice Chevalier. Aussitôt, Marcel lui commande la musique de *Fanny*. Sur le plateau de tournage, l'ambiance est excellente. On chahute un peu, beaucoup, on rit tellement que Bouchon, la toute jeune script de seize ans, s'embrouille un peu dans ses notes. « Bouchon », c'est France Gourdji, Françoise Giroud, qui deviendra femme politique, ministre, écrivain.

Été 1932 : toute la troupe descend à Marseille pour tourner des scènes en extérieur. Passant par là, André Gide vient voir son protégé Marc Allégret, et, de bonne grâce, joue les figurants pour une scène. Tiens, mais où est donc passé Marcel ? Marcel caracole derrière son idée folle : créer à Marseille et dans les collines, une sorte de Hollywood à la française, un « Hollywood sur Méditerranée » ! Et pour ce faire, il s'est empressé d'acheter dans le quartier du Prado, au fond d'une impasse, des bâtiments à restaurer qui vont peu à peu transformer son rêve en réalité.

Marc Allégret

André Gide

Été 1932 : envers du décor. Le 28 juillet, meurt à l'hôpital de Courtrai en Belgique, Paul. Le petit Paul qui avait bien grandi. Il était devenu chevrier dans les environs de La Treille, dans les collines. Marcel allait régulièrement lui rendre visite, retrouver auprès de lui la source des bonheurs familiaux de La Treille, et surtout le regarder vivre dans son monde austère, fait de solitude et de liberté. Paul souffrait du « haut mal », une forme d'épilepsie, avec une tumeur évolutive au cerveau que le professeur Lowers tenta d'opérer à Courtrai en ce juillet 1932. En vain.

Grande avant-première de *Fanny*, le 2 octobre 1932, au cinéma Marigny ! Après le film qui a duré deux heures et vingt minutes, l'ovation du public debout n'en finit pas… On réclame l'auteur – c'est devenu une habitude ; l'ovation redouble. À quoi pense Marcel ? Peut-être à la sortie nationale de *Fanny* dans quelques semaines : il sait que son film va sortir dans cinq mille salles françaises ! Et les recettes vont être colossales…

Paul Pagnol en 1905, futur et dernier chevrier des collines

L'empire Pagnol, clap de

Tout cet argent… Il faut investir ! Tourner des films, chercher de bons sujets. Justement, au cours d'un voyage en Belgique, Marcel a ouvert une revue, et le texte qui lui a sauté aux yeux l'a emporté dans une Provence sauvage et belle, rude et tendre à la fois, bouleversante. Et ce texte était signé Jean Giono, l'ancien grouillot de la banque de Manosque, celui qui, si jeune, a abandonné ses études pour subvenir aux besoins de son père malade, celui qui s'est battu à Verdun, celui qui a écrit : « Le poète doit être professeur d'espérance. » L'ancien professeur Marcel s'en va vite frapper à la porte des éditions Grasset. Et, plein d'espoir, signe, le 8 novembre 1932, pour sa société Les Films Marcel Pagnol, les droits d'adaptation de cinq livres de Jean Giono : *Colline, Un de Baumugne, Regain, Jean le Bleu* et *Le Serpent d'étoiles.*

Tout cet argent… puisqu'il en tombe encore et encore, qu'en faire ? Construire, bâtir un empire ! L'empire Pagnol est déjà solide sur ses fondations. Il faut lui donner des étages. Ainsi, le 22 juillet 1933 sont créées deux sociétés qui assurent à Marcel son autonomie totale dans le cinéma. La première s'occupe de la production des films – Les Auteurs Associés – et la seconde de leur distribution. Mais qui donc est employé dans cette petite galaxie bourdonnante ? Des anciens du lycée Thiers, de Marseille. Arno-Charles Brun, des douanes… de Marseille. Marcel Gras, de Marseille… Mais aussi Charles Fasquelle, fils de son éditeur. Ou bien encore Charles Corbessas… de Marseille. Dans le même temps, Marcel crée *Les cahiers du film*, une revue dans laquelle il définit et promeut ses idées sur la création cinématographique, revue confiée à Gabriel d'Aubarède, un… Lyonnais. Quant à la production, Marcel la met entre les mains de son frère René qui a vingt-quatre ans à peine.

Jean Giono

début

Marcel Pagnol,
metteur en scène

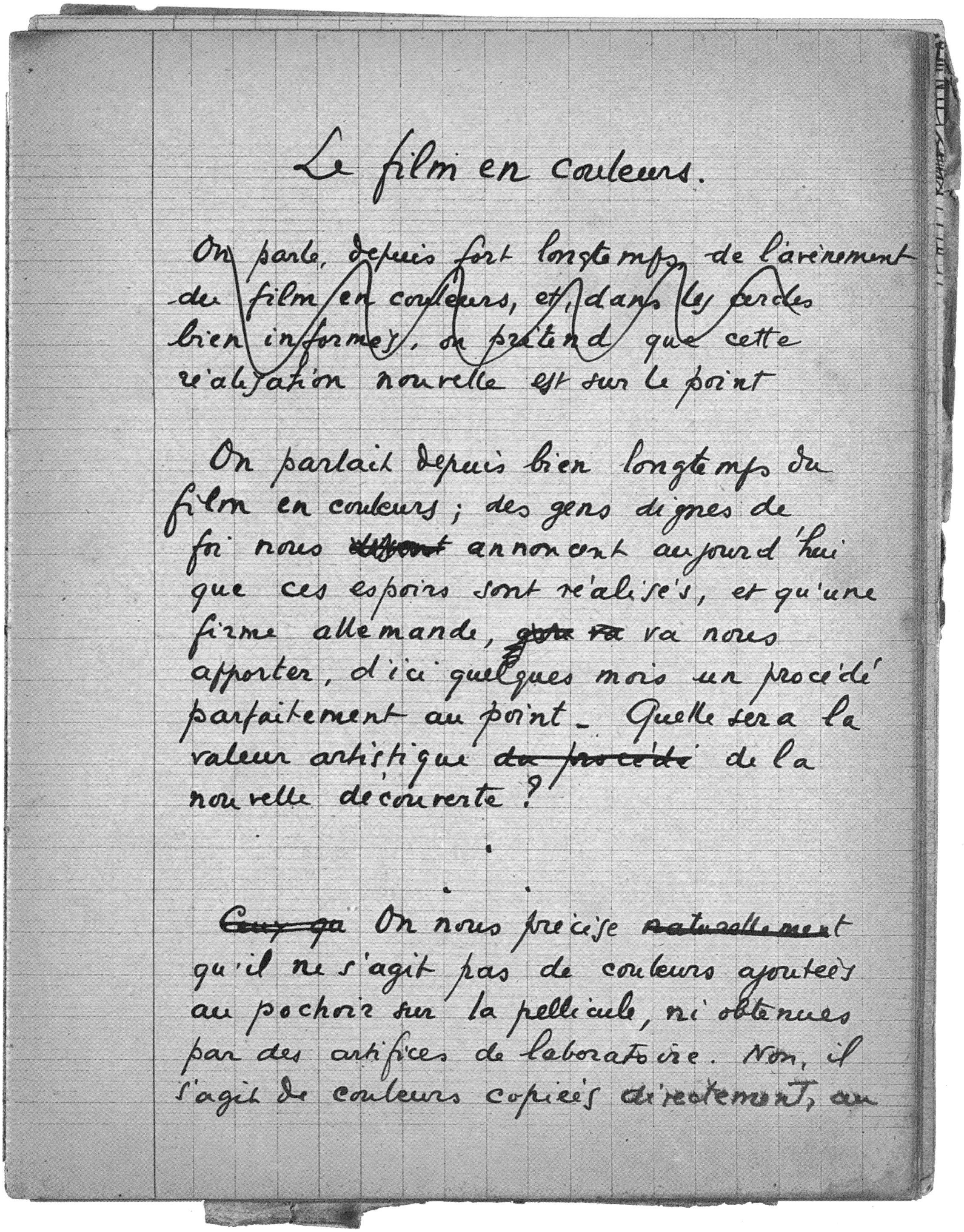

Le film en couleurs.

~~On parle, depuis fort longtemps, de l'avènement du film en couleurs, et, dans les cercles bien informés, on prétend que cette réalisation nouvelle est sur le point~~

On parlait depuis bien longtemps du film en couleurs ; des gens dignes de foi nous ~~disent~~ annoncent aujourd'hui que ces espoirs sont réalisés, et qu'une firme allemande, ~~qui va~~ va nous apporter, d'ici quelques mois un procédé parfaitement au point. Quelle sera la valeur artistique ~~du procédé~~ de la nouvelle découverte ?

. . .

~~Ceux qui~~ On nous précise ~~naturellement~~ qu'il ne s'agit pas de couleurs ajoutées au pochoir sur la pellicule, ni obtenues par des artifices de laboratoire. Non, il s'agit de couleurs copiées ~~directement, au~~

Notes de Marcel Pagnol sur l'arrivée prochaine du film « en couleurs ».

moment de la prise de vues. On dit : " il s'agit de couleurs <u>naturelles</u> ". Ce mot naturel m'inquiète un peu. Il semble qu'on l'emploie ici dans un sens élogieux, comme dans " Vin Naturel ", " Huile d'olives Naturelle ". Ce qui semblerait dire que ces couleurs seront beaucoup plus belles, beaucoup plus artistiques que des couleurs artificielles.

.

. .

Cette prétention pose, une fois de plus, l'éternel problème des rapports entre l'art et la nature, le problème du réalisme.

Il est certain que le peintre, le sculpteur, le poète, le musicien, doivent puiser leur inspiration dans la nature, c'est à dire dans le réel.

Quand à copier le réel servilement, ainsi que le voulaient les réalistes, c'est d'abord impossible ; c'est ensuite absurde, parceque c'est inutile.

C'est impossible, parceque pour copier exactement le réel, il faudrait le copier " grandeur naturelle ".

À Paris, dans les bureaux qu'il vient d'acquérir rue de la Grange Batelière, Marcel s'entoure encore et toujours d'amis. Un projet, Marcel, après *Fanny* ? Bien sûr : ce sera *Le Gendre de Monsieur Poirier*, une pièce du XIXe siècle écrite par Jules Sandeau qui fut l'amant de George Sand, et par Émile Augier. Un autre projet en même temps ? Oui : *Léopold le bien-aimé*, d'après une pièce de Jean Sarment, dont la réalisation est confiée à Arno-Charles Brun. Ces deux films sont tournés au Moulin d'Ignères, dans la Sarthe, une fort jolie propriété que Marcel a acquise en 1930. Tout se passe dans une ambiance bon enfant, on joue à la pétanque, on chahute. La palme du farceur revient à Michel Simon qui joue dans le film de Brun et dont ce sera le seul rôle pour les films Pagnol.

Annie Ducaux

Jean Debroucourt

Michel Simon

L'automne arrive, le Midi rappelle ses enfants sous son soleil qui s'attarde. La petite troupe Pagnol va migrer vers le sud, vers Marseille où pourra être tournée l'adaptation de l'une des nouvelles de *Solitude de la pitié* de Giono : *Jofroi de Maussan,* l'histoire d'un paysan qui vend son verger à un autre paysan. L'affaire faite, celui-ci décide d'en abattre tous les arbres. Jofroi, le vendeur menace alors de mettre fin à ses jours. Tout le village est en effervescence jusqu'à la mort… naturelle de Jofroi. Qui donc va jouer ce personnage ? Le choix de Marcel est à la fois logique et étonnant : ce sera Vincent Scotto, son compositeur attitré. Logique parce que Scotto fait partie de la « famille » marseillaise. Étonnant, parce que l'auteur des chansons à succès *La Petite Tonkinoise* ou *J'ai deux amours,* n'a encore jamais endossé le costume d'acteur !

Henri Poupon

Henri Marius Roger Bourelly,
dit Rellys

Le 1er novembre 1933, tout le village de La Treille est en émoi. La troupe Pagnol, après avoir inauguré les studios de Marseille, tourne *Jofroi* dans le village. Les enfants ont quitté l'école pour faire de la figuration, et lorsque l'heure du déjeuner arrive, c'est l'acteur Charles Blavette, un ancien ferblantier, qui crie « À table », puisqu'il est – aussi – préposé aux fourneaux ! Un mois plus tard, à Paris, *Jofroi* triomphe pendant que *Le Gendre de Monsieur Poirier* s'écroule sous les attaques de la critique qui n'y voit que « le tripatouillage d'une pièce périmée ». On accuse encore Pagnol de faire du théâtre filmé, et non du cinéma.

Vincent Scotto,
de La Petite Tonkinoise à Joffroi

Qu'importe ! Marcel, séduit par la nouvelle de Giono *Un de Baumugne,* travaille à son adaptation. Il va lui donner pour titre *Angèle*. Cette fille de paysans – Orane Demazis – victime d'un souteneur – Andrex – que tue un valet de ferme amoureux d'elle – Fernandel –, va trouver l'amour et un père pour son enfant : le paysan Albin – Jean Servais. Avant le tournage du film prévu près de La Treille, il lui faut quitter les bureaux de la Grange Batelière devenus trop petits pour ceux qui occupent l'hôtel particulier qu'il vient d'acheter, au 13 rue Fortuny. Coïncidence ? Au n° 2 de cette rue, en 1897, Edmond Rostand, l'ancien élève du lycée Thiers à Marseille, écrivait la pièce qui allait lui apporter une gloire (presque) éternelle : *Cyrano de Bergerac* !

André Jaubert dit Andrex

Tout ce qu'écrit ou tourne Marcel n'est pas couronné de succès : en février 1934, *L'Article 330*, un film court tiré d'une pièce de Courteline, et *Léopold le Bien-aimé*, sont deux échecs retentissants au point que les spectateurs quittent la salle avant la fin de la projection. Marcel, confiant dans sa bonne étoile, part fin mars pour La Treille tourner *Angèle*. Tout près, il a acheté vingt-cinq hectares de collines au cœur desquelles il va faire construire le village abandonné, décor du film. Le lieu est d'accès difficile, il faut bâtir sur une crête. Huit kilomètres de chemins sont à rendre carrossables pour emporter le matériel, les groupes électrogènes, les camions… Travail de titans que l'équipe accomplit en sifflotant au milieu des coups de pioche et des charges de dynamite qui font exploser le roc !

Mius – Marius Brouquier –, le maître maçon, l'ancien compagnon du temps de la Bastide Neuve et de Lili des Bellons a bien travaillé : la ferme natale d'Angèle, la Douloire, fait plus vrai que nature.

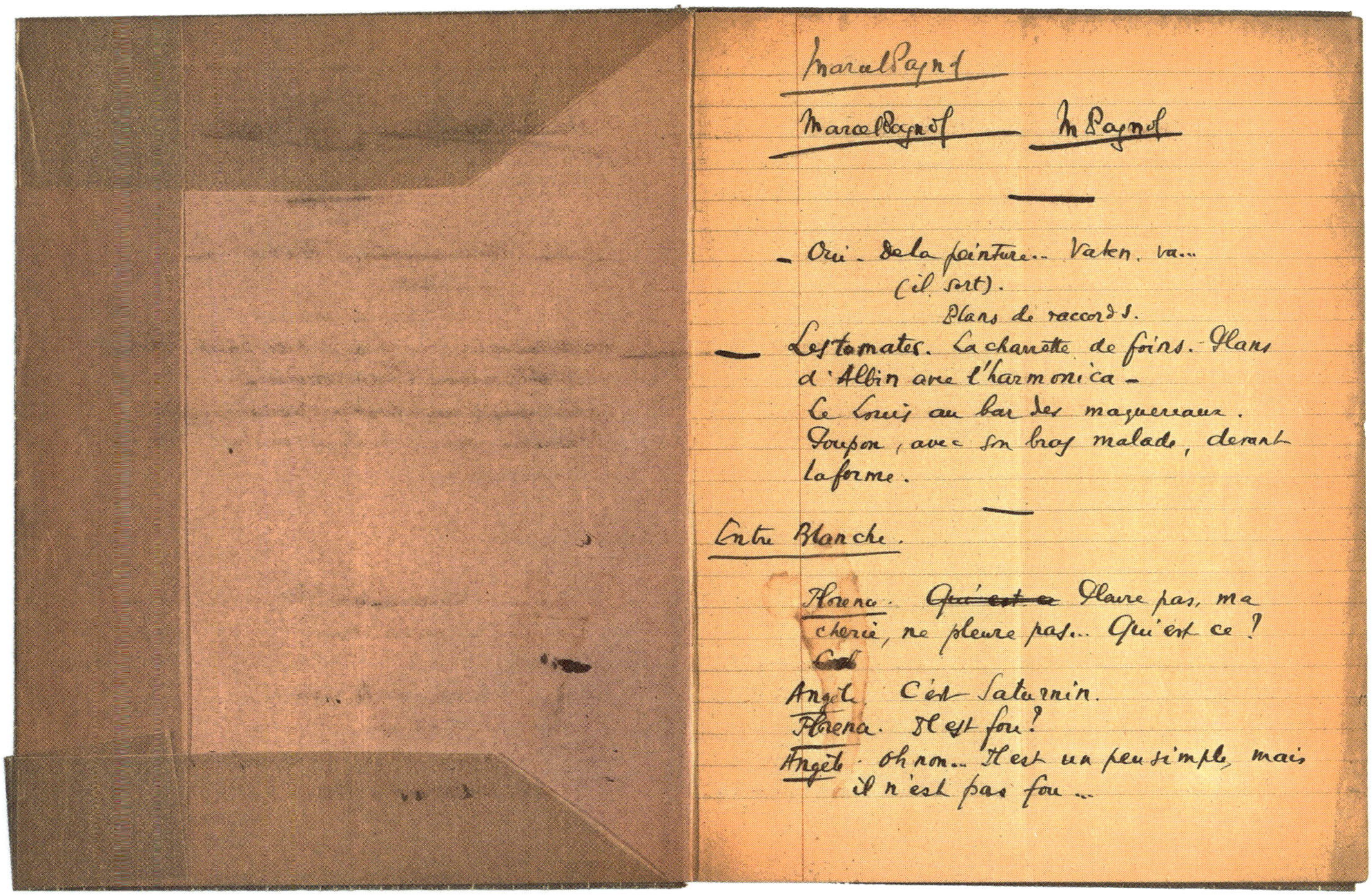
Marcel Pagnol

Marcel Pagnol M Pagnol

— Oui. De la peinture… Va t'en. va…
(il sort).
Plans de raccords.
— Les tomates. La charrette de foins. Plans d'Albin avec l'harmonica —
Le Louis au bar des maquereaux.
Toupon, avec son bras malade, devant la ferme.

Entre Blanche.

Florence. ~~Qui est ce~~ Pleure pas, ma chérie, ne pleure pas… Qui est ce ?
Angèle. C'est Saturnin.
Florence. Il est fou ?
Angèle. Oh non… Il est un peu simple, mais il n'est pas fou…

Manuscrit de Marcel Pagnol du scénario du film Angèle

Entrent Jo et Le Batoué.

Jo. Bonsoir.
(Il entre. Le batoué le suit).

Jo. Hum... Écoute, Mireille : dans la vie, il n'y a pas que du beau temps... Il y a aussi des coups durs...

Le Batoué. Naturellement... Naturellement...

Florence. Pourquoi tu dis-ça ?

Jo. Ferme là. Il y a, quelquefois, de petits malheurs, de petits ennuis... Ce sont des choses qui arrivent à tout le monde. Bon homme, le Louis, il a eu de la chance, jusqu'ici... Et puis, tout d'un coup, ça se retourne... Ça se renverse... Et il vous arrive... hum... un coup dur...

Florence On l'a descendu ?

Jo. Non, non, parlons pas de malheur. On l'a pas descendu, mais on l'a arrêté : tout à l'heure, au bistrot du coin. Voilà.

Angèle. Et pourquoi ?

Lebatoué. Une vieille histoire... Une femme qui a disparu, il y a deux ans... Mireille...

Jo. Une folle... Une femme qui a dû se suicider...

Florence. Mais on disait qu'elle était en Amérique!

Jo. Ben oui... On le croyait... Moi je le croyais... Et puis, quelqu'un a envoyé une lettre anonyme... Et on a retrouvé une espèce de squelette... du côté des Goudes... au bord de mer... Et on a dit que c'était ~~Lou~~ le Louis... Voilà. Toute l'histoire est là...

Angèle. Et où est-il?

Florence. Le Louis vient de partir, avec Jo et le Batoué.
~~Ils ont parlé de toi à la patronne de~~

La patronne. Alors, c'est vrai?

Angèle. Quoi!

La patronne. Ce petit?

Angèle. Eh bien?

La patronne. Il part demain matin?

Angèle. Qui a dit ça?

La patronne. Ton homme. Il m'a dit de lui préparer ses petites affaires, parce qu'on doit venir le prendre...

Marius Brouquier
(ou Broquier)
surnommé « Mius »

À la fin d'avril, dans le soleil et les senteurs du printemps, commence le tournage du film. On travaille, certes, et tout le monde met la main à la pâte, acteurs compris pour aider les artisans qui consolident et complètent le décor. Marcel lui-même gâche du ciment avec Mius. Mais les pauses pastis sont sacrées, et le déjeuner que prépare Blavette – Tonin le rémouleur dans le film – se prolonge dans la tiédeur de l'après-midi à l'ombre des pins. Les textes qu'il faut ajuster sont souvent écrits à la dernière minute, Marcel est un dilettante ! Fernandel qui tourne pour la première fois avec lui, s'en accommode difficilement, au point qu'il confiera à un ami : « Je me suis dirigé tout seul pendant que Monsieur Pagnol pointait le cochonnet et buvait le pastis sous les platanes » ; et Marcel avouera à un journaliste, à propos de Fernandel : « Ah, j'en ai eu du mal, avec lui ! »

Projeté en avant-première le dimanche 16 septembre à Marseille, puis à Paris le 25 octobre devant le Tout-Paris, *Angèle* provoque chaque jour des files d'attente interminables. La critique est unanime : ce film est le chef-d'œuvre de Pagnol. Ce n'est pas tout à fait ce que pense Jean Giono qui, plus que déçu, écrit à son éditeur : « J'ai été frappé par *Angèle* comme d'un coup de bâton en pleine figure. Ce qui est fait est fait, tant pis. Il suffit qu'on sache que je n'ai jamais collaboré à ça… » Bémol couvert en temps réel par de nombreux éloges, puis, bien plus tard par cette affirmation du réalisateur et acteur italien Vittorio de Sica : « Marcel Pagnol est le véritable père du néo-réalisme au cinéma ! »

Andrex, Louis
et Orane Demazis,
Angèle

L'empire Pagnol :

Henri Poupon dans Merlusse

MARCEL JOUE, GAGNE, INVESTIT. Les bobines de son cinéma sont des roues de la fortune. Trop petits, les studios de Marseille ? Il en aménage de plus grands où il installe le matériel de développement le plus moderne de l'époque. Il va y faire réaliser lui-même les copies de ses films. Tout près, il construit un atelier de menuiserie et de peinture pour fabriquer ses décors. Quarante personnes vont travailler à temps plein dans ces nouveaux studios marseillais dont la gestion des finances est assurée par l'instituteur en retraite Joseph Pagnol qui juge urgent de pallier la rigueur flottante de son Marcel un peu rêveur. Les installations toutes neuves – Marcel les nomme « L'usine » – reçoivent la visite de Jean Renoir qui, enchanté, va les « emprunter » à Marcel afin de tourner l'un de ses chefs-d'œuvre : *Toni*.

Le scénario, la production, la réalisation, le montage, le tirage, la distribution… Que manque-t-il à Marcel pour maîtriser toutes les étapes d'un film ? Des salles de cinéma ! Qu'à cela ne tienne : le cinéma *l'Eden* est à vendre à Marseille. Marcel l'achète et le fait rénover. En quelque temps, *l'Eden* rebaptisé *Le Noailles* va pouvoir accueillir plus de quatre cents spectateurs dans un luxe qui fera longtemps la fierté des cinéphiles de toute la région.

« L'usine » doit tourner. Qu'écrire, que diriger, que produire, que distribuer ? Marcel n'est jamais à court d'idées : il se rappelle avoir publié dans la revue *Fortunio*, en 1926, un conte de Noël intitulé *Merlusse*. Voilà un excellent sujet : le pion irascible qui devient pour les élèves privés de famille le 25 décembre, un tendre qui remplit leurs chaussures de cadeaux. Merlusse, ainsi surnommé parce qu'il sent la morue… C'est Henri Poupon qui interprète ce personnage. Poupon, un Marseillais, forcément, de la bande à Pagnol, et qui va aussi interpréter, en cette année 1935, un autre rôle, dans un genre très différent, celui du client d'un patron de restaurant interprété par Alexandre Arnaudy : *Cigalon*. Ce patron jugeant les consommateurs indignes de lui refuse de faire la cuisine. Mais un jour, une jeune et belle blanchisseuse ouvre un autre restaurant en face du sien… Deux films, un succès : *Merlusse*. Un échec : *Cigalon*.

le couronnement

Jean Renoir

Rassasié et déçu, Marcel ? Point du tout ! Mais où est donc passé celui que Bob Kane appelait Raimiou, Jules Muraire, dit Raimu ? Eh bien, Raimu poursuit sa carrière, il a entre autres joué dans le film de Raymond Bernard en 1934, *Tartarin de Tarascon*, dont les dialogues ont été écrits par… Marcel, décidément présent partout ! Marcel qui renoue avec Jules et lui propose de jouer dans le film César qui va clore la trilogie commencée avec Marius et Fanny. Raimu se lève de table et dit à Marcel, de sa voix de tonnerre : « Crois-tu que je vais laisser mon bar à quelqu'un d'autre ? »

Oui mais… Marcel, il faut le créer, le scénario de *César* ! Et pendant que les préparatifs du film vont bon train, pendant que les actrices et acteurs signent leurs contrats, Marcel fait face à la page blanche ! C'est la première fois qu'il écrit directement pour le cinéma. Dans ses studios de Marseille, il n'ose plus descendre de la petite pièce qu'il s'est aménagée pour travailler. La situation est presque désespérée lorsqu'un accessoiriste demande à emprunter une salle à manger chez une vielle dame qui vit tout près. Elle a quatre-vingt-dix-sept ans. Consultée, elle n'accepte qu'à la condition que ce soit Marcel qui vienne la lui demander. Marcel y consent et se trouve devant ce qu'on appelle aujourd'hui une groupie, si passionnée qu'elle lui avoue avoir vu presque dix fois *Marius* et *Fanny* ; et, se sachant proche de la mort, elle demande à Marcel de réaliser son rêve : lui raconter la suite de Fanny. C'est ainsi que naît, improvisée pour celle qui n'a plus que quelques jours à vivre, l'histoire du troisième volet de la trilogie qui pourrait s'appeler « Fanny, vingt ans après », mais que l'on connaît sous ce titre impérial : *César*. César, bien sûr, c'est Raimu ; Fanny est interprétée par Orane Demazis qu'il a fallu convaincre : le charme de Marcel a une fois de plus opéré. Marius, c'est Pierre Fresnay ; Panisse, Fernand Charpin ; Honorine, Alida Rouffe ; la tante Claudine, Milly Mathis… Avec une telle distribution, le film remplit les salles sans discontinuer, dès le jour de sa sortie en septembre 1936 à Marseille, à Paris en novembre, à Nice en janvier 1937… Les recettes atteignent des sommets inégalés, d'autant plus que Marcel a ajouté à tout ce qu'il cumule déjà sur la chaîne cinématographique un dernier maillon : l'exploitation de son patrimoine d'images qui ne cesse de croître. Il ouvre des agences de location de ses films dans les principales villes de France et même en Algérie, au Maroc…

Milly Mathis

Alida Rouffe

Orane Demazis

André Fouché, Césariot et Raimu, César

« Ça te fait plaisir
que je sois ton grand-père ? »

Et l'aventure continue ! Savourer le triomphe de César ? S'asseoir, s'attarder un peu pour mieux profiter des sourires du destin ? Pourquoi pas, mais seulement le temps d'un pastis, d'une partie de pétanque, le temps d'un déjeuner avec les amis, le temps de rire, de galéjer… Et puisqu'il y a un temps pour tout, Marcel n'oublie pas celui de la création. Ou plutôt, pour son prochain film, le temps de l'adaptation de *Regain*, le roman de Giono.

Sur le terrain proche de la Treille qu'il a porté à plus de quarante hectares, Marcel décide de faire construire par Mius, le village de *Regain* : Aubignane, sur un éperon rocheux du massif d'Eoures. C'est là que vivent, dans les pages du livre, au milieu d'une terre abandonnée Panturle le rugueux, le rustre à l'âme en peine de femme – Gabriel Gabrio –, et sa mère, la Mamèche – Marguerite Moreno. L'entreprise est titanesque pour Mius, comme le fut celle d'Angèle, et toute une fourmilière d'artisans, parfois doublés d'acteurs s'active pour que surgissent tout là-haut, Aubignane, c'est là que feront halte Gédémus le rémouleur – Fernandel – et Arsule, sa jolie compagne – Orane Demazis. Arsule que désire Panturle. Panturle bientôt roi du cœur de la belle. Gédémus repartira seul. Et la terre d'Aubignane offrira désormais à l'azur les plus beaux printemps du monde.

Fernandel, Gédémus le rémouleur et Marguerite Moreno, la Mamèche dans Regain

Les vestiges de *Regain* édifiés par l'incontournable Mius

C'est la fête sur les lieux du tournage ! On joue aux cartes, on boit des pastis, puis on recommence en multipliant ces étapes indispensables, ou presque, à la bonne humeur. Des amis surgissent, sans doute attirés par les fragrances apéritives qui embaument les environs de La Treille. Voici Jean Renoir qui délaisse le temps d'une soirée les studios Pagnol du Prado à Marseille. Et puis voici Arthur Honegger, oui, le grand, l'immense Honegger – au propre et au figuré – qui arrive et pose son sac sur place. Son rôle ? Ecrire la musique du film *Regain*, tout simplement ! Et que commence-t-il par faire, Honegger ? Voyant un camion qui peine à grimper la route vers les lieux de tournage, il fait lui-même le ménage des énormes rocs qui empêchent la progression du véhicule. Une arrivée plutôt rude, par la suite ce fut plus doux… Honegger venu pour deux jours repartira deux semaines plus tard.

Fernandel et Le Vigan, le brigadier

Arthur Honneger

Fernandel, Gédémus et Orane Demazis, Arsule

Mais au fait, où est Gédémus, où est Fernandel ? Pas loin, car en même temps que *Regain,* il tourne le *Schpountz,* oui, en même temps ! Marcel et son interprète jonglent avec les plans de travail. Le *Schpountz,* c'est un simple d'esprit dans le langage de Marseille. Le *Schpountz,* c'est Irénée Fabre – Fernandel –, il se croit destiné au métier d'acteur. Une troupe de tournage passe dans son village, il tente sa chance sous le regard goguenard et moqueur des hommes de l'art – il choisit de prononcer sur tous les tons cette phrase du code civil : « Tout condamné à mort aura la tête tranchée. » Mais, réellement doué pour la comédie, il prendra sa revanche en devenant une vraie, une grande vedette de l'écran.

« Le président de la République Albert Lebrun aura le plaisir d'assister... » C'est bien le président de la République lui-même qui assiste, le jeudi 28 octobre 1937, à la première mondiale de *Regain,* organisée au cinéma *Le Marignan,* sur les Champs-Élysées ! Cela devient une habitude : le triomphe est total, les recettes sont colossales, les files d'attente s'allongent quotidiennement devant les cinémas qui programment le film. Profitez bien de tout cela Marcel... Parce que, même colossales, même si on y ajoute celles du *Schpountz,* qui sort en 1938, les recettes jetées dans un abîme, ne le rempliront guère...

Fernandel
et Alida Rouffe, Madame Fenuze

Pourquoi ce pessimisme ? En fait les achats, les investissements, l'argent dépensé, tout cela est en train de concurrencer les recettes. En clair, l'entreprise Pagnol, si elle continue sur sa lancée, court à la ruine ! C'est ce que répète le chef comptable de Paris, au nom prémonitoire : Plumet !... Et papa Joseph à Marseille s'alarme aussi. Et Marcel ? Marcel sifflote, les mains dans les poches, et répond l'œil malin à la question : « Comment éviter la faillite ? » « C'est simple… nous allons faire un autre film ! » Désarmant Marcel qui dévoile aussitôt la pièce majeure capable de colmater la brèche des comptes en produisant des recettes de légende : Raimu ! À condition qu'il accepte de jouer dans *La Femme du boulanger*…

Fernand Charpin,
Baptiste Fabre, oncle d'Irénée

« Regarde, la voilà,

FÂCHÉS UN JOUR, réconciliés le lendemain, amis pour toujours, Marcel et Jules, Pagnol et Raimu, le Marseillais et le Toulonnais sont fils de la même mer : la Méditerranée. Quand le blason de l'un se fissure, l'autre vient à son secours. Marcel et Jules étaient fâchés, et puis, *La Femme du boulanger* est arrivée. Voici ce qu'écrit Marcel de la genèse du film :

« J'avais l'intention de tourner cette histoire (le boulanger Amable, ivrogne, guéri par un élixir mystérieux, et surtout par l'amour) lorsqu'un jour, dans la NRF, je trouvai quelques pages de Giono qui s'intitulaient La Femme du boulanger. *J'étais dans un train qui venait de Belgique ; je lus trois fois ces quinze pages avec une admiration grandissante. C'est aussi l'histoire d'un boulanger de village : mais ce n'était pas un pochard. C'était un pauvre homme habité par un grand amour et qui ne faisait plus de pain parce que sa femme était partie. La quête de la belle boulangère par tous les hommes du village, c'était une Iliade rustique, un poème à la fois homérique et virgilien… Je décidai ce jour-là de renoncer à mon ivrogne guéri par l'amour et de réaliser le chef-d'œuvre de Jean Giono. »*

Le boulanger, ce sera Raimu. La boulangère, Ginette Leclerc. Et dix-sept autres personnages apparaîtront, notamment le berger séducteur, interprété par Charles Moulin, qui, cette année-là, déclaré Tarzan du cinéma, est encore maître-nageur à la piscine municipale de Limoges… Silence, on tourne !

Ginette Leclerc, de son vrai nom Geneviève Lucie Menut

la Pomponette. . . »

Raimu
dans La femme du Boulanger

Mais… pour tourner, il faut de l'argent, beaucoup d'argent, Marcel n'est donc plus au bord de la ruine ? Eh non : il a reçu la visite de Preston Sturges, un Américain de la Metro Goldwin Mayer qui, après un an de négociations, vient de lui verser un fort joli pactole pour l'achat des droits d'exploitation de ses scénarios aux États-Unis. Wallace Beery, le César d'outre Atlantique, accompagne Sturges. Il rencontre un Raimu tout ému d'être étreint par ce colosse américain qui l'a baptisé le « César frenchie ».

Silence, on tourne ! Où ? Dans le petit village du Castellet, dans le Var, au nord de Bandol. Le 26 avril Raimu, le boulanger – l'acteur en a fréquenté un vrai pendant des semaines pour tout connaître du pain – commence à tonner sous les arbres, sur la place, et dans son fournil. Aurélie, la boulangère – Ginette Leclerc – a disparu ! Nous on sait qu'elle est partie avec le berger – Charles Moulin – Il a emmené la belle dans sa cabane, sur sa petite île, au milieu de la rivière.

Preston Sturges

Wallace Beery

Le Castellet

Le boulanger ne fait plus de pain, le village est en émoi. C'est le curé et l'instituteur qui vont se mouiller au sens propre pour ramener Aurélie, penaude. À ce moment, se situe l'une des scènes les plus pathétiques, les plus émouvantes du cinéma français, que vous pouvez lire à votre façon, puis revoyez le film. Observez le visage de Raimu qui fait alterner dans la même seconde colère et douceur lorsque Aurélie de retour lui fait face et qu'il simule l'ignorance :

« J'ai été beaucoup inquiet. Parce que tu ne me l'avais pas dit. Tu pars, toi, comme ça, quand ça te prend. Et tu ne m'avertis pas (...) Tu as eu envie de voir ta mère : je le comprends, je ne te le reproche pas. Tu n'as pas voulu me le dire parce que je suis un peu trop autoritaire... D'accord, je le comprends. Mais ta mère, est-ce qu'elle ne pouvait pas envoyer un télégramme ? Enfin, tout de même, elle a été raisonnable puisqu'elle t'a renvoyée tout de suite. Tu n'as pas eu froid au moins ? »

Puis, plus loin, le boulanger au grand cœur reprend :
Assieds-toi là, ma belle. Tu dois avoir faim ? Tiens, j'avais préparé à manger pour moi, parce que je ne savais pas si tu reviendrais ce soir. Mange, va, moi j'ai pas faim.

Aurélie (elle a subitement de grosses larmes) :
Ne me pardonne pas comme ça. Ça me fait mal.

Le boulanger (avec douceur) :
Ne me parle pas de pardon, parce que tu finirais par me donner des idées !

La suite, c'est le boulanger qui prend son seau, et qui commence à verser de l'eau dans le pétrin, pendant qu'Aurélie, immobile, le regarde. Soudain, elle aperçoit sur la table un pain avec une drôle de forme, un petit pain doré, en forme de cœur...

Elle lui dit :
Tu sais tout ?

Il lui répond :
Moi. Oui. Tout ce qui concerne le pain. Et ça me suffit. Je ne veux rien savoir d'autre. À quoi ça me servirait ?

Soudain, il regarde la porte qui conduit à la cave. Par la chatière, la Pomponette, la chatte noire, vient d'entrer. Le boulanger la regarde un instant, et il prend un air sévère, l'air de la colère… :

Ah ! Te voilà, toi ? Regarde, la voilà la Pomponette… Garce, salope, ordure, c'est maintenant, que tu reviens ? Et le pauvre Pompon, dis, qui s'est fait un mauvais sang d'encre pendant ces trois jours ! Il tournait, il virait, il cherchait dans tous les coins… Plus malheureux qu'une pierre, il était… Et elle, pendant ce temps-là, avec ses chats de gouttière… Un inconnu, un bon à rien… Un passant du clair de lune. Qu'est-ce qu'il avait, dis, de plus que lui ?

Aurélie baisse la tête :
Rien.

Le boulanger :
Toi tu dis « Rien. » Mais elle, si elle savait parler, ou si elle n'avait pas honte – ou pas pitié du vieux Pompon – elle me dirait : « Il était plus beau. » Et qu'est-ce que ça veut dire, beau ? Qu'est-ce que c'est, cette petite différence de l'un à l'autre ? (…) Et la tendresse alors, qu'est-ce que tu en fais ? Dis, ton berger de gouttière, est-ce qu'il se réveillait, la nuit, pour te regarder dormir ? (La chatte, tout à coup, s'en va tout droit vers une assiette de lait qui était sur le rebord du four, et lape tranquillement.) Voilà. Elle a vu l'assiette de lait, l'assiette du pauvre Pompon. Dis, c'est pour ça que tu reviens ? Tu as eu faim et tu as eu froid ?... Va, bois-lui son lait, ça lui fait plaisir… Dis, est-ce que tu repartiras encore ?

Aurélie :
Elle ne repartira plus…

Le boulanger (à la chatte, à voix basse) :
Parce que, si tu as envie de repartir, il vaudrait mieux repartir tout de suite, ça serait sûrement moins cruel…

Aurélie :
Non, elle ne repartira plus… Plus jamais…

Elle s'est élancée vers lui, elle baise la grosse main toute gluante de pâte, puis elle se blottit contre lui.

Michel Galabru
dans la reprise au théâtre
de La femme du Boulanger

Tout est dit ! Après quarante-cinq jours de tournage, la troupe Pagnol a fait le plein d'émotions, d'amitié, de colères, de rires, de petites fâcheries et de grande fraternité. D'abord présenté en avant-première à Biarritz au milieu de l'été 1938, le film sort à Marseille à grand renfort de publicité généreusement assaisonnée de l'adjectif « mondial » … Il est projeté au César, une salle de plus de quatre cents places, place Castellane, salle que vient d'acheter et de faire rénover Marcel qui en possède déjà deux autres. Les réactions enthousiastes des spectateurs ouvrent à *La Femme du boulanger* une voie royale vers Paris au début de septembre. Plus que royal, l'accueil est impérial dans la capitale. On ne parle plus que de la scène où l'abbé en soutane grimpe sur le dos de l'instituteur pour persuader la brebis égarée de revenir au bercail ; on s'émeut aux larmes en se rappelant le jeu bouleversant de Raimu accueillant la boulangère prodigue ; on se plaît à dire « avé l'assent » « la pomponette » … Ce diminutif est devenu depuis proverbial pour signifier une telle situation.

L'empire Pagnol :

Soudain, le ciel s'assombrit sur l'Europe. Le chancelier Hitler n'en finit plus de gesticuler dangereusement en montrant du doigt, et du bras, tout ce qu'il veut, ce qu'il convoite, et tous ceux qu'il menace. Marcel est inquiet. Et même s'il calme ses craintes d'un embrasement mondial en enflammant le cœur d'une jeune actrice, Josette Day, il demeure prudent pour la mise en œuvre de ses projets futurs. Il a pourtant acquis les droits d'adaptation de *Monsieur Brotonneau*, une pièce de Caillavet. On y voit un mari qui, las de sa femme adultère, se met en ménage avec sa secrétaire, mais la femme légitime revient, et le ménage à trois commence sous le regard d'une opinion qui exige le divorce, ce qui est fait.

Raimu craignant que Marcel s'absente trop souvent des plateaux pour assurer les urgences de son nouvel amour, exige de lui un « vrai metteur en scène ». Cette expression blesse Marcel qui termine ainsi sa réponse à Raimu : « Si tu fais un grand film de plus, j'en serai le premier joyeux. Si tu fais un navet de plus, j'aurai la consolation de n'y être pour rien. Bien affectueusement à toi. Marcel. » Il accepte malgré tout que la réalisation du film soit confiée au Hongrois Alexander Esway. Il se réserve l'écriture du scénario, des dialogues, et la distribution. *Monsieur Brotonneau* est projeté pour la première fois le 4 août 1939. Il n'obtient aucun succès. Un mois plus tard, la Seconde Guerre mondiale éclate.

Drôle de guerre… La terrible menace plane mais l'ennemi prend son temps. Marcel, que Josette Day ne cesse d'encourager à créer plutôt qu'à profiter de toutes les heures où l'on peut partager l'apéritif avec les amis, se remet au travail. Il a proposé à Raimu un scénario : la jeune Patricia – Josette Day, forcément – dix-huit ans, fille du pauvre puisatier Pascal Amoretti – Raimu – cède au séduisant et fortuné Jacques Mazel, vingt-six ans – Georges Grey. Mais celui-ci, pilote de chasse, part pour la guerre. L'autre amoureux de Patricia, c'est Félipe, l'apprenti du puisatier – Fernandel. Il est mobilisé lui aussi.

Josette Dagory dite Josette Day
en compagnie de Fernandel
dans *Naïs*

clap de fin

© La Société nouvelle des Films Marcel Pagnol

Amoretti, voyant sa fille enceinte, s'en va chez les Mazel afin d'obtenir une promesse de mariage. Les Mazel refusent avec mépris. Jacques est tué au combat. Après l'armistice, les Mazel écrasés de chagrin veulent retrouver dans leur petit-fils l'image de leur fils… Instants dignes, pathétiques, douloureux où l'honneur et l'amour jouent le ballet des convenances et des élans du cœur… Felipe propose d'épouser Patricia et de reconnaître l'enfant. Coup de théâtre : Jacques, le pilote, n'était que blessé, gravement certes, mais le voici de nouveau beau et fringant. Il épouse Patricia, et tout le monde est content. Et le film aura pour titre, forcément : *La Fille du puisatier.*

Vendredi 14 juin 1940, la Wehrmacht entre dans Paris dont la plupart des habitants se retrouvent sur les routes, grossissant le flux des réfugiés qui gonflent un exode commencé depuis des semaines. Le 17 juin, Pétain demande l'armistice aux Allemands. Le 18 juin, de Gaulle lance son appel à la résistance. Le 22 juin, l'armistice est signé par Pétain à Compiègne, dans la clairière de Rethondes. Dès la fin du mois de juin, tout est surveillé, contrôlé par les Allemands. Marcel qui tourne près de La Treille *La Fille du puisatier,* revoit son texte et l'adapte aux circonstances. Projeté en octobre 1940 à Marseille, le film transmet déjà un message de résistance à travers ce passage qui va motiver son retrait de l'affiche par les Allemands à Paris : « Alors, on a perdu la guerre… Pourquoi avons-nous été battus si vite ? » demande Raimu, « Morts pour rien » se désole la mère de Jacques, « Non madame, ce n'est pas vrai ! Ils n'ont pas sauvé la France mais ils l'ont prouvé : les morts des batailles perdues sont les raisons de vivre des vaincus. »

Josette Day et Raimu, dans La Fille du puisatier

Le puisatier et son assistant — Raimu et Fernandel

Alfred Greven

« Le vol noir des corbeaux sur la plaine » habille de deuil le ciel de France. Marcel reçoit à Marseille la visite du chef de la propagande nazie, Alfred Greven, qu'il a connu au temps de la gloire de *Marius* à Berlin. Et que propose-t-il à Marcel ? Venir s'installer à Paris afin de diriger les studios de la Continental Films, et de réaliser des œuvres cinématographiques avec les acteurs français, où sera célébrée la puissance allemande. Évidemment Marcel se montre d'une prudence extrême. Il n'est pas question pour lui de collaborer de quelque façon que ce soit – il sera nommé, en 1944, président du comité d'épuration de la Société des Auteurs Compositeurs Dramatiques, la SACD. Les Allemands se montrent d'une inquiétante, d'une insistante patience. L'empire Pagnol risque de disparaître s'il faut tout vendre pour se dégager du terrible piège nazi.

Sûrs d'eux, de plus en plus pressants et arrogants, les Allemands exigent de Marcel qu'il prenne une décision. Marcel est en train de tourner *La Prière aux étoiles*, une histoire d'amour intransigeant où Josette Day fait merveille en ancienne fille entretenue devenue amoureuse d'un homme peut-être trop intègre et curieux envers son passé. L'atmosphère lourde de menaces n'entame pas l'enthousiasme de Marcel pour la réalisation du projet qui lui tient le plus à cœur : créer un Hollywood provençal capable de rivaliser avec les géants étrangers du cinéma.

Pour parvenir à ses fins, il a acheté sans le voir un château près de Marseille, La Buzine, où il compte installer des studios de tournage, des appartements pour les acteurs, et toute une logistique de production cinématographique qu'il imagine déjà numéro un mondial. Étrange hasard, le jour où il visite enfin ce château, il s'aperçoit qu'il s'agit de celui devant lequel la petite famille Pagnol passait, prenant sans autorisation du propriétaire un raccourci pour aller à La Treille, petite famille qui fut surprise par un garde, Augustine la mère s'évanouissant alors… épisode raconté plus tard dans le bien titré : *Le Château de ma mère.*

Philippe Caubère,
rôle-titre dans
La gloire de mon père
en compagnie de
Nathalie Roussel,
réalisé par Yves
Robert en 1990

Sous les coups de boutoir des nazis, l'empire Pagnol vacille. Marcel refuse toutes leurs propositions. Il vend en 1942 ses studios à la société française Gaumont qui n'est pas contrôlée par les Allemands, il se défait aussi de ses agences de distribution, de ses laboratoires. Le château de la Buzine sera réquisitionné, occupé par la Gestapo, puis par les FFI, puis hébergera des prisonniers allemands, puis des squatters. L'empire s'est écroulé… pour faire place à un royaume, avec un roi Pagnol fortuné, car cet empire n'a pas été cédé pour rien… Qu'en faire ? En Marcel ressurgit alors un vieux rêve : l'horticulture !

De retour d'un voyage à Monaco, il découvre une propriété à vendre, à La Gaude, au nord de Cagnes : le Domaine de l'Étoile. Aussitôt vu, aussitôt acheté, Marcel y trace des carrés où vont être semés des œillets. Oui, mais il faut du personnel pour s'occuper de tout cela, des jardiniers. Même improvisés ? Oui, surtout… car cela leur évite de partir pour le Service du Travail Obligatoire, le tristement célèbre STO. Voilà donc où Marcel voulait aussi en venir, avec son goût pour l'horticulture : ces jardiniers occasionnels pourraient être ceux de sa troupe menacés par un départ vers l'Allemagne. Raimu, malgré tout ironise : « Si Marcel devient fleuriste, je n'ai plus qu'à aller vendre des rascasses ! »

Le château de la Buzine

La passion des femmes

Marcel, est-il possible de rembobiner un peu le film de votre vie afin qu'on retourne dans les années vingt ? Bien sûr ! Pouvez-vous nous reconduire au temps de votre jeunesse folle, en ce jour de 1916 où vous avez pris pour femme Simonne Collin, âgée de vingt ans, vous jurant amour et fidélité, et cela malgré l'opposition de votre père, Joseph ? Nous y voici... Peut-on maintenant vous suivre quelque temps, dans ce cahotant début de votre couple, au fil de vos déplacements de professeur, Marcel, jusqu'à Paris où, lassés l'un de l'autre, vous vous séparez ? Sans divorcer, car Simonne le refuse... Que vous reprochait-elle, ou plutôt qui... ?

Marcel est un grand amoureux ! Beau garçon, élégant, mince, la mèche brune, rebelle juste ce qu'il faut pour ne point effrayer la donzelle, Marcel plaît aux femmes, et parce qu'il a des goûts précis, il choisit. Marcel considère la rue, la ville, le monde comme un champ d'explorations amoureuses, il ne s'en privera pas.

Qui donc s'est emparé du regard de Marcel, de sa pensée, de son temps libre de professeur à Condorcet en cette année 1923 ? Nous la connaissons... Elle s'appelle Henriette ! Henriette Marie-Louise Burgart, elle est d'origine alsacienne, née à Oran, sa famille ayant émigré en Algérie peu après la défaite de 1870. Nous savons déjà, pour ceux qui l'auraient oublié, que son prénom de scène reprend en le féminisant, celui de sa ville natale ; nous savons aussi qu'elle y a ajouté Demazis en hommage à une petite ville proche d'Oran : Mazis. Nous ignorions qu'elle est orpheline, que son père, un grand bourgeois, est mort ruiné. Et l'apprenant, nous devinons qu'elle doit ramener à la maison de quoi faire vivre son frère et sa sœur. Et pour ce faire, elle interrompt ses brillantes études afin de devenir préceptrice, tout en prenant des cours d'art dramatique.

Orane avait, selon les sources consultées, à peu près le même âge que Marcel, mais en a toujours prétendu dix de moins. C'est au théâtre de l'Atelier que Marcel la rencontre. Il en tombe fou amoureux. Elle est la rigueur, il est la fantaisie. Elle est la raison, il est la passion. Elle aime les repères, la ponctualité, le respect de la morale absolue. Lui, il donne sa préférence à sa morale, au fouillis de ses affaires, à son élégance, et il ignore le mot ponctualité.

Elle joue du Musset, du Mérimée, du Pirandello à l'Atelier. Il l'attend à la sortie. Oui, elle en tombe amoureuse elle aussi, mais attention : point d'écart dans le visible, leur amour doit demeurer caché, ou presque, au début tout au moins, car Marcel est encore marié. Orane refuse de jouer les seconds rôles... Chaque soir, elle rentre chez elle, auprès de sa mère, de ses frère et sœur. Pas question d'emménager avec Marcel qui loue alors un appartement boulevard Murat, tout près de celui de sa bien-aimée. La suite, on la connaît : un rôle dans *Jazz*, la gloire dans *Marius*, *Fanny*, puis *César*. Un enfant, Jean-Pierre, né à Boulogne Billancourt, le 10 septembre 1933. Jean-Pierre qui ne peut porter le nom de Pagnol, son père, encore marié. Jean-Pierre deviendra normalien, homme de radio, de télévision, poète traducteur de Paul Celan – poète roumain de langue allemande – peintre figuratif...

Jean-Pierre est le deuxième enfant de Marcel. Oui, le deuxième. Car si l'intransigeance d'Orane convient à Marcel pour l'organisation de sa vie, il lui manque un brin de fantaisie. Et cette fantaisie, ce sourire sans façon, il les trouve auprès de Catherine Murphy, dite Kitty. D'après Jean Renoir, Marcel est d'autant plus heureux de cette nouvelle liaison que Kitty est blonde, et Marcel rêve d'avoir un enfant blond... Qu'en pense Orane ? Grande âme, elle pardonne à son Marcel ses incartades à condition qu'elles soient discrètes. Discrète sera la naissance de Jacques, aux cheveux... bruns, le 24 septembre 1930. Il deviendra assistant de son père sur les plateaux de tournage, puis cameraman pour FR3 Marseille.

Simonne, Orane, Kitty. La folie de jeunesse, la raison, la fantaisie. Toutes trois encore femmes de Marcel lorsque surgit Yvonne ! En 1935, elle est recrutée par la société « Les Films Pagnol » pour devenir la collaboratrice de Marcel dans les bureaux de la rue Fortuny. A cette époque, Marcel vit avec celle qui le canalise, le surveille amoureusement, le protège : Orane. Oui mais… Yvonne, c'est la joie de vivre, l'humour, la spontanéité, le naturel gracieux… Marcel est séduit. Va-t-il résister ? Non ! Yvonne, dont le père, haut fonctionnaire colonial vit à Madagascar, entre dans son cœur par la porte dérobée. Un an plus tard, le jour des quarante et un ans de Marcel, le 28 février 1936, elle donne naissance à Francine, leur fille.

Que manque-t-il à Marcel, qui compléterait ce grand tableau des natures de la femme ? Simonne la première s'est éclipsée, Orane la raisonnable a accepté Kitty la fantaisie. Orane et Kitty ont tout su pour Yvonne. Kitty a compris. Orane a dit non. Un an après la naissance de Francine, fille d'Yvonne, Orane démonte le cœur de Marcel au cours d'un séjour dans le Vercors, fin 1937. Elle en inventorie toutes les pièces rapportées, n'y retrouve ni sa raison d'être ni son bonheur, et laisse Marcel à son puzzle d'amour. Avec un panache tout méridional, Marcel lui offre un très beau cadeau d'adieu : les droits de sa trilogie si toutefois elle veut la jouer sur scène.

Pour compléter le puzzle, voici l'élégante, la séduisante blonde Josette Dagory dite Josette Day pour la scène. En janvier 1939, son arrivée dans les bureaux des « Films Pagnol » est remarquée, car elle a déjà du métier. Vedette de nombreux films tournés à partir de 1930 – notamment *Lucrèce Borgia*, d'Abel Gance, où elle joue Sancia d'Aragon, la nymphomane –, Josette a commencé sa carrière presque à la sortie du berceau : à cinq ans, elle joue dans un film muet de Léon Poirier, *Âmes d'Orient*. À neuf ans, elle devient petit rat de l'opéra. Elle raconte tout cela à Marcel, omettant cependant de lui narrer par le menu sa liaison avec l'écrivain Paul Morand, *L'Homme pressé*… Marcel aux grands yeux dévoreurs ouvre son cœur, ses bras, ses bureaux et surtout ses plateaux de tournage à Josette promue immédiatement Fille du puisatier !

On connaît les ravages que provoque l'orage guerrier qui commence en 1939. On sait quelles conséquences s'ensuivent pour Marcel, ses studios vendus pour ne pas tremper dans la collaboration avec les nazis. On se rappelle la manne utilisée pour passer de la culture cinématographique à l'agriculture dans le Domaine de l'Étoile, à La Gaude, au nord de Cagnes-sur-Mer. Et Josette dans tout cela ? Josette continue de séduire Marcel. Elle vit les jours difficiles de la fin de l'Empire Pagnol. Elle devient reine du tout nouveau royaume de l'Étoile. En 1942, les deux tourtereaux multiplient les séjours à Monte-Carlo où ils retrouvent de bons amis, entre autres, Tino Rossi. Mais La Gaude, c'est si loin de Paris… Marcel s'y rend, fin 1942, pour étudier de nouveaux projets de théâtre. Seul.

Josette Day

Seul ! Marcel est seul lorsqu'il rentre à La Gaude quelques semaines plus tard : Josette s'est envolée ! Voici Marcel le cœur brisé. On se relaie pour le consoler. On agit discrètement pour que revienne Josette. Elle revient, repart, traverse d'autres cœurs, y stationne, en piétine certains, retourne à l'Étoile… Puis tout s'éteint après mille disputes, portes claquées, fuites dans la nuit, petits matins de désespoir à Paris… Début 1944, Marcel et Josette, c'est fini. Deux ans plus tard, elle triomphera dans le film de Jean Cocteau, avec Jean Marais : *La Belle et la Bête*.
Qui pour lui succéder ? Jacqueline.
La première fois qu'il l'a rencontrée, c'était en fait six ans avant la rupture avec Josette. Elle avait dix-huit ans, rêvait de jouer la comédie et venait passer une audition rue Fortuny. De ce premier contact elle dira : « Il me parut plus jeune et plus beau que je l'imaginais ». Marcel invite à dîner le soir même, cette blonde inconnue qui l'éblouit. Ils se revoient à plusieurs reprises. Et alors ? Et alors, elle est mineure, c'est son père qui signe un projet de contrat deux jours après la première rencontre. Puis, plus rien. Ils ne se reverront que six ans plus tard. Un soir de mars 1944, Marcel est seul, il ne l'a pas oubliée. Il téléphone à la jeune fille : « J'ai envie de vous revoir… » « d'accord ». Elle lui lit ses poèmes. Il l'amuse. Et pendant que le fracas s'abat sur la France, Jacqueline et Marcel se mettent à l'abri, dans le moulin d'Ignères, à Parcé, dans la Sarthe. Leur idylle y trouve son nid. Le nom de celle dont Marcel a dit « Elle m'a sauvé des humeurs noires, de la méchanceté, du pessimisme ! » ? Jacqueline Bouvier.

Jacqueline Bouvier

Jacqueline pour la vie

« **Jacqueline Bouvier,** née le 6 octobre 1920, à Ribaute-les-Tavernes, dans le Gard, acceptez-vous de prendre pour époux Marcel Pagnol… » Le « Oui ! » qui sort de la bouche de Jacqueline, en ce 6 octobre 1945, jour de ses vingt-cinq ans, ressemble à la plus belle promesse de bonheur que Marcel pouvait espérer. Dans la corbeille de mariage, entre autres, un film ! Une belle histoire de bossu, Toine – Fernandel – amoureux de Naïs, éblouissante Jacqueline évidemment, prisonnière de la rigueur morale de son père, Micoulin – Henri Poupon. Un père qui envisage de tuer Frédéric Rostaing – Raymond Pellegrin –, fils de ses propriétaires, car il a « fauté » avec Naïs… Toine arrangera tout.

Le film sort le 22 novembre 1945, fort bien reçu par le public, égratigné par une critique un peu bougonne, qui se rattrape cependant avec ces lignes parues dans *Le Figaro* le 7 décembre 1945 : « … il y a une Jacqueline Bouvier, fille curieuse, curieusement fraîche et curieusement audacieuse, jolie, bien faite, très bien photographiée, qui donne une impression de luminosité et d'intelligence. Elle a quelque chose de fougueux qui plaira. » Jean-Jacques Gautier ne se trompe pas.

Jacqueline est enceinte, et l'enfant qui voit le jour le 3 février 1946, est un garçon dont le prénom Frédéric est un hommage à Frédéric Mistral, prix Nobel de littérature 1904, fondateur d'une association pour la sauvegarde de la langue d'Oc, et surtout, natif de Maillane, en Provence…

Jacqueline Bouvier
dans *Manon des sources*

L'Académie française

L'habit vert, le bicorne et l'épée, Marcel en a rêvé. La guerre ayant gelé les votes sous la Coupole de l'Académie française, en cette année 1946, on recrute. « C'est le moment, Marcel ! », lui ordonne presque Raimu lors d'une de ses visites, et sous les yeux de cet ami des grands jours et des petites bouderies, Marcel prend une feuille blanche et rédige sa lettre de candidature à l'adresse des « immortels ». L'affaire est rondement menée : en avril 1946, Jules Romains, Henri Mondor, Charles de Chambrun, Paul Claudel, Maurice Garçon… et Marcel sont élus à l'Académie française. Un an plus tard, le 27 mars 1947, il est reçu sous la Coupole, au fauteuil qu'occupait l'auteur dramatique Maurice Donnay (1859 – 1945).

André Roussin

Marcel Achard

Voici que Marcel s'avance parmi ses pairs afin de lire son discours de réception, ce 27 mars 1947. Mais où est donc Raimu ? Cherchons-le dans cette assemblée, parmi les invités... Point de Raimu. Où plutôt si, le voici, dans une larme qui perle aux yeux de Marcel. Car Raimu n'est plus. Jules Muraire, victime d'un accident d'automobile le 6 mars 1946, ne s'est pas remis complètement de ses blessures. Endormi le 20 septembre 1946 pour être opéré, Raimu, ne s'est pas réveillé. Marcel, sur sa tombe, a fondu en larmes, ainsi que tous ses amis venus rendre un dernier hommage à celui qu'Orson Welles, venu trop tard le rencontrer à Paris, déclare « le plus grand acteur au monde ». Puis, Marcel s'est adressé à Jules :

On ne peut pas faire un discours sur la tombe d'un père, d'un frère ou d'un fils, tu étais pour moi les trois à la fois : je ne parlerai pas sur ta tombe. D'ailleurs je n'ai jamais su parler, et c'était Raimu qui parlait pour moi. Ta grande et pathétique voix s'est tue, et mon chagrin fait mon silence. Devant Delmont, qui pleurait sans le savoir, Jean Gabin a croisé tes mains sur ta poitrine, j'ai pieusement noué le papillon de ta cravate, et tous ceux de notre métier sont venus te saluer.

Longuement, nous avons médité devant cette lourde statue de toi-même. Nous avons découvert ce masque si noble que la vie nous avait caché. Pour la première fois tu ne riais pas, tu ne criais pas, tu ne haussais pas tes larges épaules. Et pourtant, tu n'avais jamais tenu autant de place, et cette présence de marbre nous écrasait par ton absence.

Alors, nous avons su qui tu étais. Des journalistes, des cinéastes, des comédiens arrivaient par-dessus les frontières. Toi, qui n'étais que notre ami, nous avons vu tout à coup que ton génie faisait partie du patrimoine de la France, et que des étrangers, qui ne t'avaient rencontré vivant, pleuraient de te voir mort. Tu prenais sous nos yeux ta place brusquement agrandie. Et puis, il est venu des hommes qui ont enfermé dans un coffre énorme tant de rires, tant de colères, tant d'émotions, tant de gloire, tant de génie (...)

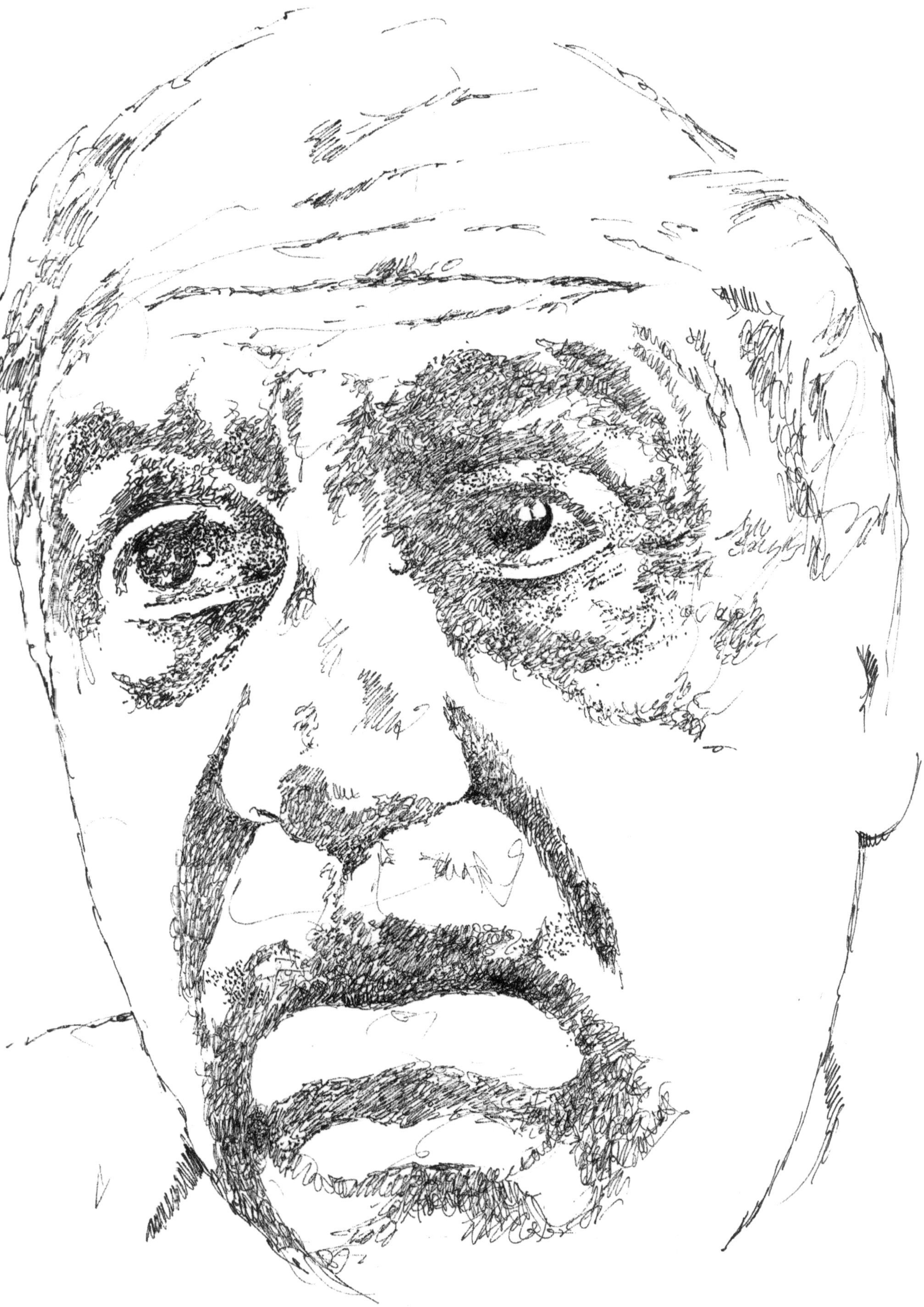

Point de Raimu donc, l'immortel de l'écran, Quai Conti en ce 27 mars 1947, jour de réception de Marcel en habit vert. Marcel se fend d'un long discours où il fait l'éloge de son prédécesseur après avoir justifié avec humour sa présence à l'Académie :

Messieurs,

Le règlement, et surtout la reconnaissance m'imposent de commencer ce discours par un profond et sincère remerciement ; mais ma présence parmi vous me paraît si insolite que je vous dois une explication : non pas de votre choix dont vous êtes seuls maîtres, mais des circonstances qui m'ont amené à solliciter vos suffrages.

Certes, je ne vous dirai pas mon grand étonnement de m'entendre parler sous cette Coupole, je ne feindrai pas la surprise, je ne dirai pas « comment est-il possible que vous ayez pensé à moi ? » Je sais bien que j'y ai pensé le premier, et je me souviens d'avoir écrit, à l'adresse de Monsieur le Secrétaire perpétuel, une lettre fort explicite, par laquelle je me proposais délibérément à votre choix. C'est cette décision, au moins prématurée, que je vous demande la permission de justifier.

Et Marcel raconte ensuite comment, se mêlant à une longue file d'attente devant les grilles de l'Académie à la fin de la guerre, il s'est jugé de trop peu de mérite pour faire partie de la noble assemblée. Se préparant à partir, il a entendu une voix lui affirmant : « Il n'y a là aucun auteur dramatique ». Il ajoute « Sans faire de bruit, et les yeux baissés, je pris mon rang qui était le dernier. Votre indulgence a fait le reste ; elle m'a mis à la place où je suis aujourd'hui, et d'où j'ai l'honneur de vous remercier. »

Auteur honoré, père heureux, mari comblé, Marcel l'entreprenant, l'entrepreneur hardi, le touche-à-tout découvreur d'inédit – il possède la passion du bricolage, au point d'avoir inventé une voiture automobile à trois roues, la Topazette, fabriquée à… un exemplaire ; le boulon indéboulonnable ; la machine à vapeur surchauffée… –, Marcel qui redoute d'être dépassé par les techniques venues des États-Unis, suit de près l'arrivée de la couleur sur l'écran. Les Américains ont choisi la chimie de la pellicule pour que soient restituées les couleurs naturelles. Marcel fait confiance aux frères Roux : le procédé qu'ils ont inventé, le Rouxcolor, permet de restituer les couleurs en employant d'une façon plutôt complexe des optiques spéciales nécessitant un investissement très important. Qu'importe ! Marcel met plus de cinquante millions de francs sur la table et dans l'affaire Roux.

Cinquante millions ! L'équivalent de près d'un million et demi d'euros de nos jours… Rien ne va plus ! Tout est perdu en quelques mois : les couleurs que restitue le procédé Roux sont pâles, peu fidèles. *La Belle meunière*, le film expérimental pour le procédé Roux, met en scène Schubert – Tino Rossi (si, si…) –, et Jacqueline Pagnol, la meunière que tente de séduire le compositeur. Hélas, les spectateurs qui ressortent de cette projection d'avant-garde, se frottent les yeux, terrifiés à l'idée d'être devenus myopes… Marcel y voit clair, et abandonne projet et pactole.

Tino Rossi dans
le rôle de Schubert,
La Belle Meunière

La gloire de Marcel

Que faire après cet échec ? Quelle histoire adapter ? Quel scénario écrire ? Les réponses à ces questions ne tardent guère dans l'esprit de Marcel : faire un autre film en adaptant *Le Rosier de Madame Husson* de Guy de Maupassant, avec pour vedette une étoile montante de la scène et du cinéma, un certain Raimboug André, qui a pris pour pseudonyme Bourvil. C'est Jean Boyer – également auteur de chansons, telle « Comme de bien entendu » – qui en assure la réalisation, la production étant assurée par Georges Agiman.

D'avril à juin 1950, on tourne. Le 20 septembre, on projette en salles obscures l'histoire de ce « rosier » qui remplace la jeune fille la plus vertueuse du village « la rosière » choisie chaque année par Madame Husson dans sa commune – aucune jeune fille n'ayant été jugée digne de cette distinction cette année-là. Mais le « rosier » timide et pur va boire plus que de raison, et bien vite devenir un garçon hardi et conquérant envers les dames… le 20 septembre 1950, on projette. La critique rejette. Le public applaudit. Refrain connu…

Pauline Aimée Biarez
dite Pauline Carton

© Gaumont-Distribution

André Raimbourg
dit Bourvil

Et si *Topaze* renaissait de ses versions successives, pense Marcel. Jacqueline lui donnerait sûrement ce supplément d'âme qui a pu lui manquer ! L'ouvrage est remis sur le métier. Jacqueline, en Mademoiselle Muche, est plus que parfaite, et Fernandel se montre au sommet de son art. Le film sort en janvier 1951 à Monaco et le 2 février en France. La presse le qualifie de « chef-d'œuvre du septième art », enfin, et les spectateurs se ruent dans les salles de projection. De son observatoire à Monaco – Marcel, ami du prince Rainier III qui l'admire, vit dans la principauté depuis 1947 –, la villa la Lestra, Marcel observe cette reconnaissance avec d'autant plus de ravissement que Jacqueline donne naissance, le 3 octobre, à leur fille Estelle. Un mois plus tard, une immense douleur s'abat sur la famille Pagnol : Joseph, l'instituteur, s'en va rejoindre Augustine.

Pierre Larquey et Fernandel dans Topaze

L'année suivante, en 1952, Marcel crée pour Jacqueline une histoire magnifique et bouleversante : *Manon des sources.* Une jeune sauvageonne des collines veut venger la mort de son père. Celui-ci a acheté un terrain et s'est tué à la tâche pour y apporter de l'eau, alors que le malhonnête Ugolin – Rellys – avait bouché la source qui lui aurait évité ce travail. Manon qui connaît le secret des sources va à son tour priver d'eau tout le village ; les méchants seront découverts et punis.

En 1952, *Manon des sources* est tourné près de La Treille. Le film sort d'abord en deux parties. Face aux réticences du public, elles sont ensuite fondues en une seule. Le film dure malgré tout trois heures ! Trop long, jugent les critiques.

Rellys, Ugolin
dans Manon des sources

Marcelle Geniat, Baptistine

Henri Poupon, le Papet et
Fernand Sardou, Philoxène

© AFP ImageForum

La villa « La Pascaline » au village de La Treille où séjournèrent Jacqueline et Marcel en compagnie de Rellys et où l'écrivain écrivit une partie de *La gloire de mon père*.

Gérard Depardieu
dans Jean de Florette

Emmanuelle Béart,
Daniel Auteuil et Yves
Montand dans Manon des
sources de Claude Berri

Ce ne sera pas l'avis des spectateurs, vingt-quatre ans plus tard, en 1986, lorsque le cinéaste Claude Berri sortira sa version de *Jean de Florette* et *Manon des Sources*, avec Yves Montand, Daniel Auteuil, Emmanuelle Béart et Hyppolite Girardot. Au total, quatre heures de poésie, de suspense, de tendresse, d'émotion, de beauté.

Oui, pour expliquer notre malheur, et pour obtenir que l'eau nous soit rendue, il faut aller plus haut et plus loin que les choses visibles : car dans ce monde créé par le Tout Puissant, tout à un sens et tout se tient,et pas une cigale ne chante sans la permission de Dieu.

Pour qu'il ait privé d'eau tout un village, qui risque d'en mourir, il faut qu'il y ait une raison

Pourquoi ! Il y a peut-être parmi nous un grand criminel, ou un grand pêcheur, comme dans cette tragédie grecque où la Peste frappa la ville de Thèbes parceque son roi s'etait bien mal conduit.

Si c'est çà la cause de notre catastrophe, c'est à lui que je veux m'adresser. (La Fille s'est retournée, elle regarde Ugolin fixement. Ugolin baisse les yeux)

Et je veux lui dire : " Mon frère, il n'est pas de faute qui ne puisse être réparée, pas de crime qui ne puisse être racheté. Le repentir sincère efface tout, et notre Seigneur Jésus Christ nous a dit lui même cette

20 février 1954. La petite Estelle, deux ans et quatre mois, transportée d'urgence la veille à l'hôpital de Monaco, meurt d'une crise d'acétone aiguë. Ce terrible coup du sort, cruel, imprévu, terrasse Jacqueline et Marcel. Bien sûr, les amis sont là qui réconfortent, bien sûr, les messages de soutien affluent du monde entier, mais Estelle, Estelle au sourire candide, à la démarche hésitante, Estelle si douce, si belle, Estelle est partie rejoindre les étoiles. Estelle, « stella », l'« étoile » …

De retour en France, Monaco rappelant trop le souvenir de la petite fille disparue, Marcel écrit une pièce qu'il intitule *Judas*. Ce personnage du Nouveau Testament, le traître, celui qui vend le Christ pour trente deniers, y est présenté d'une façon nouvelle, avant-gardiste, trop sans doute, car, lors des représentations en 1955, les différentes confessions religieuses et le public rejettent cette version revue et corrigée, utilement complétée cependant, de Judas Iscariote. Marcel se console avec le succès des *Lettres de mon moulin*, d'Alphonse Daudet, qu'il a adaptées pour le cinéma, tout en écrivant *Judas* : *Le Secret de maître Cornille*, *l'Élixir du révérend Père Gaucher* et *Les Trois Messes basses*. Riche année que 1955 : traducteur de Shakespeare, Marcel fait jouer son *Hamlet* au théâtre, avec Jacqueline et Serge Reggiani.

Judas ne plaît pas. Marcel est las des rudesses de la critique. *Fabien*, comédie en quatre actes, représentée au théâtre des Bouffes Parisiens, en septembre 1956, ne plaît pas non plus. Le cinéma devient une énorme industrie qui menace son indépendance. Marcel est méfiant, déçu, fatigué. Et puis Estelle, Estelle… Marcel a soixante-deux ans. Mille et un succès, des paris réussis, des coups d'audace, des échecs, des sarcasmes lancés par les envieux, des pointes assassines par les jaloux, mais l'immense tendresse du public…

Script manuscrit
de Manon des Sources

L'homme de lettres

Marcel ne renonce pas à la plume, et à la demande de ses amis Hélène et Pierre Lazareff, avec les mots, avec la prose, il va offrir à ceux qui l'aiment, aux spectateurs de ses pièces, de ses films, l'immense cadeau de ses souvenirs d'enfance. Ainsi est publié en 1957 *La Gloire de mon père*, un livre au succès inouï, suivi, la même année, d'un deuxième tome : *Le Château de ma mère.* Trois ans plus tard, en 1960, est publié *Le Temps des secrets* où passent les premiers frémissements de l'émotion amoureuse. Enfin, en 1977, trois ans après la mort de Marcel, les lecteurs découvrent *Le Temps des amours* quatrième et posthume volet des souvenirs. Pourquoi ce titre *La Gloire de mon père* ? Suivez le vol des bartavelles que voici ! Puis suivez Marcel à travers les argéras. Et vous saurez tout !

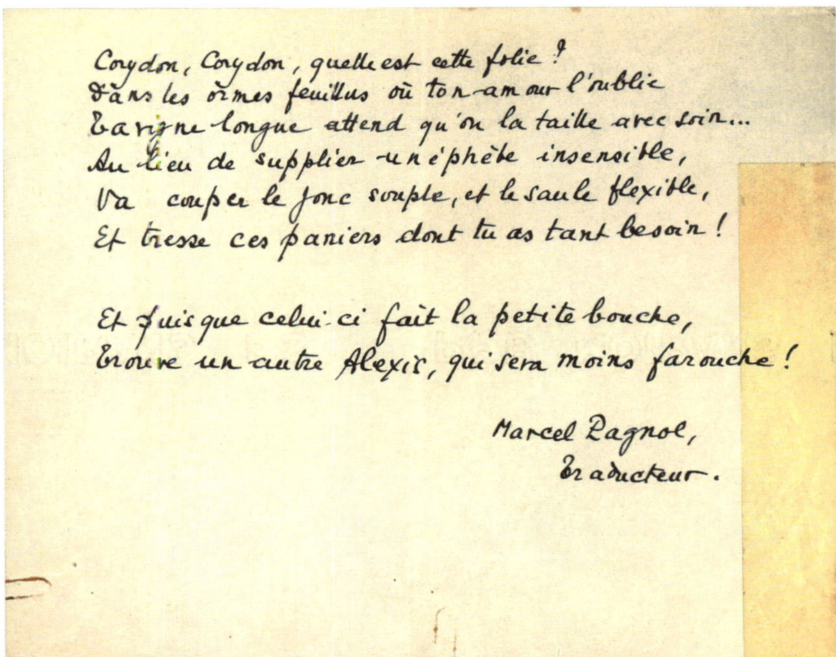
Corydon, Corydon, quelle est cette folie !
Dans les ormes feuillus où ton amour l'oublie
La vigne longue attend qu'on la taille avec soin...
Au lieu de supplier un éphèbe insensible,
Va couper le jonc souple, et le saule flexible,
Et tresse ces paniers dont tu as tant besoin !

Et puisque celui-ci fait la petite bouche,
Trouve un autre Alexis, qui sera moins farouche !

Marcel Pagnol,
traducteur.

Extrait de la traduction en vers par Marcel Pagnol de la deuxième églogue des Bucoliques de Virgile

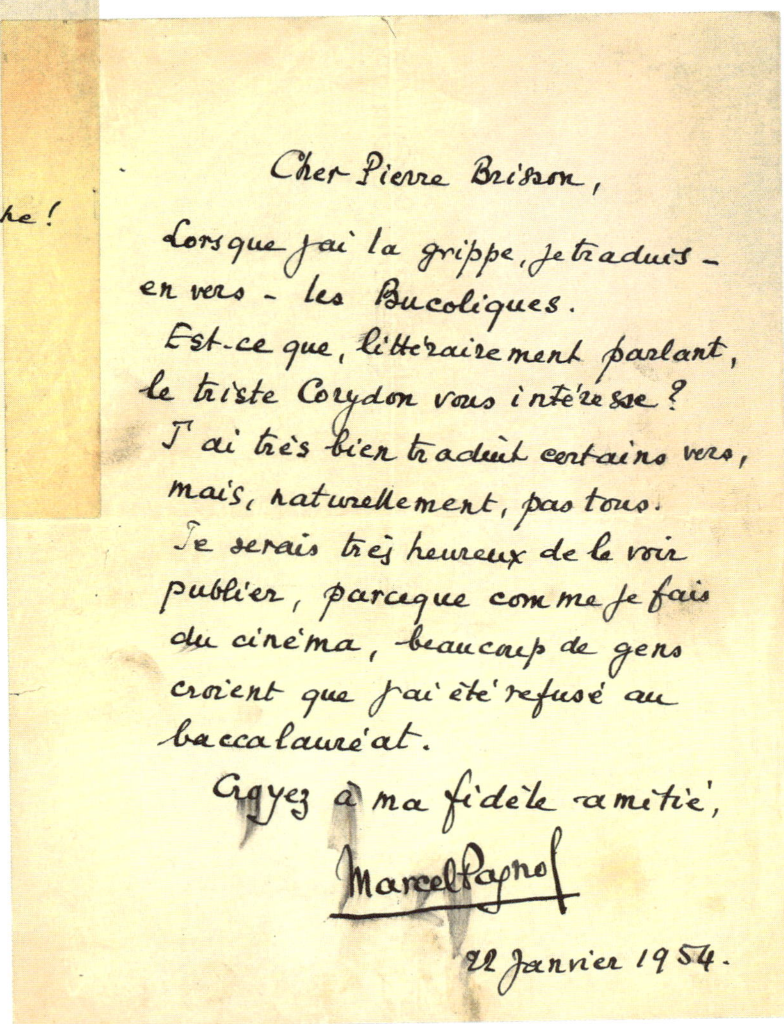
Cher Pierre Brisson,

Lorsque j'ai la grippe, je traduis - en vers - les Bucoliques.
Est-ce que, littérairement parlant, le triste Corydon vous intéresse ?
J'ai très bien traduit certains vers, mais, naturellement, pas tous.
Je serais très heureux de le voir publier, parceque comme je fais du cinéma, beaucoup de gens croient que j'ai été refusé au baccalauréat.

Croyez à ma fidèle amitié,

Marcel Pagnol

22 Janvier 1954.

Lettre de Marcel Pagnol à Pierre Brisson au sujet des traductions de Virgile

Les bartavelles

Oui, c'était bien un vallon, qui se creusait à mesure que je m'approchais. Peut-être était-ce celui du matin ?

Les deux mains en avant, j'écartais les térébinthes, et les genêts, qui étaient aussi grands que moi... J'étais encore à cinquante pas du bord de la barre, lorsqu'une détonation retentit, puis, deux secondes plus tard, une autre ! Le son venait d'en bas : je m'élançai, bouleversé de joie, lorsqu'un vol de très gros oiseaux, jaillissant du vallon, piqua droit sur moi... Mais le chef de la troupe chavira soudain, ferma ses ailes et, traversant un grand genévrier, vint frapper lourdement le sol. Je me penchais pour le saisir, quand je fus à demi assommé par un choc violent qui me jeta sur les genoux : un autre oiseau venait de me tomber sur le crâne, et je fus un instant ébloui. Je frottai vigoureusement ma tête bourdonnante : je vis ma main rouge de sang. Je crus que c'était le mien, et j'allais fondre en larmes, lorsque je constatai que les volatiles étaient eux-mêmes ensanglantés, ce qui me rassura aussitôt.
Je les pris tous deux par les pattes, qui tremblaient encore du frémissement de l'agonie.
C'étaient des perdrix, mais leur poids me surprit : elles étaient aussi grandes que des coqs de basse-cour, et j'avais beau hausser les bras, leurs becs rouges touchaient encore le gravier.
Alors mon cœur sauta dans ma poitrine : des bartavelles ! Des perdrix royales ! Je les emportai vers le bord de la barre – c'était peut-être un doublé de l'oncle Jules ?
Mais, même si ce n'était pas lui, le chasseur qui devait les chercher me ferait sûrement grand accueil, et me ramènerait à la maison : j'étais sauvé !
Comme je traversais péniblement un fourré d'argéras, j'entendis une voix sonore, qui faisait rouler les r aux échos : c'était celle de l'oncle Jules, voix du salut, voix de la Providence !
À travers les branches, je le vis. Le vallon, assez large et peu boisé, n'était pas très profond. L'oncle Jules venait de la rive d'en face, et il criait, sur un ton de mauvaise humeur :
- Mais non, Joseph, mais non ! Il ne fallait pas tirer ! Elles venaient vers moi ! C'est vos coups de fusil pour rien qui les ont détournées !
J'entendis alors la voix de mon père, que je ne pouvais pas voir, car il devait être sous la barre :
- J'étais à bonne portée, et je crois bien que j'en ai touché une !
- Allons donc, répliqua l'oncle Jules avec mépris. Vous auriez pu peut-être en toucher une, si vous les aviez laissées passer ! Mais vous avez eu la prétention de faire le « coup du roi » et en doublé ! Vous en avez déjà manqué un ce matin, sur des perdrix qui voulaient se suicider, et vous l'essayez encore sur des bartavelles, et des bartavelles qui venaient vers moi !
- J'avoue que je me suis un peu pressé, dit mon père, d'une voix coupable... Mais pourtant...
- Pourtant, dit l'oncle d'un ton tranchant, vous avez bel et bien manqué des perdrix royales, aussi grandes que des cerfs-volants, avec un arrosoir qui couvrirait un drap de lit. Le plus triste, c'est que cette occasion unique, nous ne la retrouverons jamais ! Et si vous m'aviez laissé faire, elles seraient dans notre carnier !
- Je le reconnais, j'ai eu tort, dit mon père. Pourtant, j'ai vu voler des plumes...
- Moi aussi, ricana l'oncle Jules, j'ai vu voler de belles plumes, qui emportaient les bartavelles à soixante à l'heure, jusqu'en haut de la barre, où elles doivent se foutre de nous ! »
Je m'étais approché, et je voyais le pauvre Joseph. Sous sa casquette de travers, il mâchonnait nerveusement une tige de romarin, et hochait une triste figure. Alors, je bondis sur la pointe d'un cap de roches, qui s'avançait au-dessus du vallon et, le corps tendu comme un arc, je criai de toutes mes forces : « Il les a tuées ! Toutes les deux ! Il les a tuées ! »
Et dans mes petits poings sanglants d'où pendaient quatre ailes dorées, je haussais vers le ciel la gloire de mon père en face du soleil couchant.

Marcel Pagnol – *La Gloire de mon père*. 1957

Heureux Marcel : la page blanche se repaît de sa prose, en redemande. En 1962, il va la combler de nouveau en reprenant le scénario du film où Jacqueline fut une Manon lumineuse. Il en fait un diptyque sous le titre général *L'Eau des collines*. À la première partie, il donne le titre « Jean de Florette » ; à la seconde : « Manon des sources ». Le succès en librairie est immense.

Passion ! Marcel en aura vécu jusqu'à son dernier souffle : depuis des années, il enquête où il peut pour découvrir qui se cachait sous le masque de fer – un loup de velours fixé par des charnières en métal –, ce personnage mort à la Bastille en 1703 après des années de détention sans qu'on pût savoir qui il était. Un jumeau de Louis XIV ? C'est la thèse que défend Marcel, aujourd'hui battue en brèche par les historiens modernes. Marcel y croit. Et il ne va cesser de tenter d'emporter l'adhésion des sceptiques en publiant, en 1965, *Le Masque de fer*, et en 1973 : *Le Secret du masque de fer*. En vain, puisqu'aujourd'hui, on n'est toujours sûr de rien !

Mourir, ça m'est égal...

Des amis, des honneurs, des départs sans retour de parents, d'acteurs, d'écrivains. La vie passe, de manifestations en festivals, de rééditions en reprises de telle ou telle comédie, d'adaptations à la télévision.

Marcel et Jacqueline. On dirait, à les voir, le double secret du bonheur. Pourtant, le sort imprévisible tente des assauts contre lui, essaie d'en forcer les serrures, de brouiller les codes : le 26 février 1971, Fernand Contandin, Fernandel, meurt après un long coma. Marcel est bouleversé, mais Saturnin, Gédémus, Topaze... vivront pour l'éternité sur l'écran. D'autres partiront. Marcel résiste. Au père Calmels qui recueille ses anxiétés existentielles et ses confidences, Marcel confie : « Mourir, ça m'est égal, c'est quitter la vie qui me fait de la peine ! »

Marcel, malgré une maladie qui l'a considérablement amaigri, n'a rien perdu de son sens de l'humour ni celui de la répartie. Le 17 avril 1974, ses dernières paroles en témoignent : Jacqueline qui lui tient la main et la baigne des larmes qu'elle ne peut retenir, l'entend murmurer doucement « Jacqueline... On ne peut pas toujours tout réussir... » Le lendemain, jeudi 18 avril, à 9 h 20 du matin, Marcel part rejoindre Augustine et Joseph, Paul, Estelle, Lilli des Bellons et tant d'autres, quelque part dans l'azur de La Treille, d'où ils nous envoient ces sourires que nous nous surprenons à esquisser dès que nous pensons à eux.

Que notre monde de temps en temps tourne sa pensée, ses projets, ses désirs, vers la planète Pagnol ! Toutes les recettes de la douceur de vivre s'y trouvent, celles de la gaieté y attendent les moroses, les compliqués, les tortueux, toutes les raisons d'espérer y donnent rendez-vous aux déçus. Et le rire attendri en est le seul passeport. Maintenant, l'univers de Marcel nous appartient, avec ses fous soleilleux, ses amoureux et ses sages. Éternels personnages, à notre image.

Remerciements
L'éditeur tient à remercier le musée des Lettres et Manuscrits,
Monsieur Gérard Lhéritier, son président-fondateur,
et Monsieur Pascal Fulacher, son conservateur,
d'avoir mis à disposition les documents reproduits aux pages 40-41, 48-49, 55-57, 120 et 123,
ainsi que les Éditions de Fallois pour les textes reproduits aux pages 33, 82-83 et 124.

Textes : William Leymergie avec la collaboration de Jean-Joseph Julaud
Illustrations : Philippe Lorin
Conception graphique : Tifinagh
Direction artistique et maquette : Bénédicte Bourdil
Couverture : David Longuein L775
Édition : Luc-Édouard Gonot
Lettres reproduites avec l'aimable autorisation du musée des Lettres et Manuscrits
Texte composé en Arno Pro et Wiesbaden Swing
Photogravure : IGS, Angoulême
Impression : Pollina, France - L62748

ISBN : 978-2-324-00197-0
Dépôt légal : février 2013

Bibliographie

Marcel Pagnol m'a raconté
Raymond Castans, Éditions Gallimard, 1976

Il était une fois Marcel Pagnol
Raymond Castans, Éditions de Fallois 1985

Marcel Pagnol ou le cinéma en liberté
Claude Beylie, Éditions de Fallois, 1995

Marcel Pagnol
Jacques Bens, Éditions du Seuil, 1994

Les Chemins de Marcel Pagnol en Provence
Julian More, Éditions Ramsay, 1999

Marcel Pagnol, lieux de vie, lieux de création
Éditions Edisud, Thierry Dehayes, 2002

Carnets de cinéma, Marcel Pagnol
Nicolas Pagnol, Éditions Privé, 2008

Pagnol et Raimu, l'histoire vraie
Jean-Jacques Jelot-Blanc, Éditions Alphée, 2010

Marcel Pagnol, l'album d'une vie
Nicolas Pagnol, Éditions Flammarion, 2011

Pagnol inconnu
Jean-Jacques Jelot-Blanc, Éditions Flammarion, 2011